U0330134

非洲的境况
一则政治诊断

The African Condition
A Political Diagnosis

［肯尼亚］阿里·马兹鲁伊
（Ali A. Mazrui）
—— 著 ——

高天宜
—— 译 ——

华东师范大学出版社
·上海·

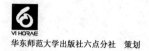

华东师范大学出版社六点分社　策划

总主编

李安山

国际顾问委员会

Ibrahim Abdullah
多伦多大学历史学博士，塞拉利昂大学弗拉湾学院历史系教授

Olutayo C. Adesina
尼日利亚伊巴丹大学历史系系主任，《非洲评论》（African Review）主编

Fantu Cheru
埃塞俄比亚巴赫达尔大学教授，北欧非洲研究中心主任

Bouchra Sida Hida
摩洛哥拉巴特社会科学研究中心高级研究员，非洲社会科学研究发展理事会研究项目官员

Augustin Holl（高畅）
喀麦隆学者，厦门大学特聘教授，原巴黎十大副校长，联合国教科文组织《非洲通史》9-11卷国际科学委员会主席

Martin Klein
多伦多大学历史系教授，前美国非洲研究学会会长

林毅夫（Justin Yifu Lin）
北京大学国家发展研究院教授、名誉院长，北京大学新南南合作与发展学院院长

Mahmood Mamdani
乌干达马凯雷雷大学社会研究中心主任，哥伦比亚大学国际和公共事务学院教授

Femi Osofisan
尼日利亚伊巴丹大学戏剧系教授，戏剧家，2015年获泛非作家协会荣誉奖，2016年获国际戏剧评论协会塔利亚奖

Kwesi Kwaa Prah
加纳第一代政治学家，南非非洲高级研究所主任

Issa Shivji
坦桑尼亚科技委员会尼雷尔资源中心主任，曾任教于坦桑尼亚达累斯萨拉姆大学

Olabiyi Babalola Joseph Yai
非洲语言文学学者，曾任联合国教科文组织执行委员会主席、贝宁驻联合国教科文组织大使

编委会（按姓氏笔画排序）

毕健康
刘少楠
刘伟才
刘海方
许亮
孙晓萌
李洪峰
邱昱
汪琳
张瑾
陈亮
赵俊
施美均
姚峰
袁丁
倪为国
徐微洁
蒋晖
程莹
廉超群
潘华琼

总　序

　　学问之兴盛,实赖于*时势*与*时运*。势者,国家与人类之前途;运者,发展与和平之机缘。中非关系之快速发展促使国人认识非洲、理解非洲、研究非洲。

　　非洲乃人类起源地(之一),非洲文明形态使人类文明极大丰富。古罗马史家老普林尼(Gaius Plinius Secundus)有言:"非洲总是不断有新鲜事物产生",此种"新鲜事物"缘自非洲人之"自我创造活动"(Ki-Zerbo 语)。全球化再次使非洲为热土,非洲智者提醒:"千万别试图告诉非洲人到底哪里出了问题,或他们该如何'治好'自己。如果你非要'提供救赎',那么抑制你内心的这种渴望。""非洲人不是坐在那列以我们的世界观为终极目的的列车上。如果你试图告诉他们,他们如何成为我们,千万别。"(Kaguro Macharia 语)

　　此提醒,预设了国人研究非洲必备的"问题意识";此提醒,不仅因国人对非洲的知识仍然贫乏,更促使吾辈须知何为中非文明互鉴之基础。

　　中国学界不仅须理解伊本·赫勒敦(Ibn Khaldun)之卓识远见,谢克·安塔·迪奥普(Cheikh Anta Diop)之渊博学识,马姆达尼(Mahmood Mamdani)之睿智论证和马兹鲁伊(Ali Mazrui)之犀利观点;更须意识到非洲之人文社会科学在殖民统治时期受人压制而不见经传,如今已在世界学术之林享有一尊。吾辈须持国际视野、非洲情怀和中国立场,着力非

1

洲历史文化与社会经济诸方面之基础研究。

"六点非洲系列"之旨趣：既要认知西方人心目中之非洲，更要熟悉非洲人心目中之非洲，进而建构中国人心目中之非洲。本书系关涉非洲历史、社会、政治、经济、文化、文学……力图为非洲研究提供一种思路。惟如此，吾辈才有可能提供一套有别于西方的非洲知识之谱系，展现构建人类命运共同体伟大实践之尝试。此举得非洲大方之家襄助，幸甚。

"人之患在好为人师。"（孟子语）"各美其美，美人之美，美美与共，天下大同。"（费孝通语）此乃吾辈研究非洲之起点，亦为中非文明互鉴之要义。

是为序。

李安山 2019 年 11 月 11 日

于京西博雅西苑

目　录

　　本讲探讨这样一个悖论：非洲是人类最早的栖息地，却也是最不适宜人类真正居住的地方。其不适宜居住的条件包括从热带疾病到交通运输的不便，从撒哈拉以南非洲国家政治上的不稳定到南部非洲白人统治问题的复杂性。黑人暴政与白人种族主义所产生的难民，是政治意义上"居住条件"危机的一部分。如果非洲曾是往日亚当的出生地，今时的伊甸园已严重失修。这里究竟出现了什么问题？

　　非洲人受残害或许不是最严重的，但可能在现代历史上遭受的屈辱最深。单从肉体摧残而言，犹太人在纳粹统治下遭受的大屠杀与美洲和澳大利亚原住民遭受的种族灭绝，与黑人的经历相比有过之而无不及。从奴隶贸易到种族隔离，再到现如今在部分地区即使人数占优却仍被视为三等公民，非洲人在历史上曾遭受各种屈辱。种族主义作为一种社会现象正在走向消亡。地方民族主义首先在欧洲消失，总有一天也会在非洲消除。种族主义在非洲首先消亡，总有一天也会在欧洲终结。人类社会阶级分化必然存在，但它使地方民族主义消散，也终究会治愈种族主义的伤痕。

非洲社会在文化上并不是最接近西方的，但在 20 世纪却经历着最快速的西化变革。非洲大陆大多被西化的非洲人所掌控。基督教在非洲传播的速度远超其他大陆。非洲将欧洲语言作为商业用语的接受程度远高于亚洲地区。非洲的教育机构成为其进一步西化的工具。非洲陷入反抗西方与模仿西方的两难境地。非洲大陆成为不同道德、文化和知识体系的大熔炉。那么，非洲是否需要重新非洲化？

非洲并非全世界资源最贫乏的地区，却是有人居住的大陆中最不发达的。丰富的矿产资源和巨大的农业发展潜力与世界上最低的生活标准并存。该问题的部分原因在于西方殖民主义在非洲推动的经济变革的本质，非洲的经济被扭曲以满足西方的需求。非洲即将发起的经济斗争包含探寻纠正这种扭曲和克服依赖的方法。有七种摆脱依赖的策略可以尝试，包括从自力更生到经济上渗透北方工业强国。

非洲并不是世界上最小的大陆，但它可能是最支离破碎的。导致其破碎的有种族、语言、宗教、意识形态和阶级方面的原因。这个人口不足 5 亿的大陆被分割成 50 多个国家，其中很多还是小国。这种分裂在非洲争取社会与物质改善的斗争中形成了障碍，同样也造成安全隐患。非洲必须在国际警戒体系（例如坦桑尼亚对乌干达的惩罚性入侵）和新的大陆集体安全体系（例如可能的非洲统一组织）中做出抉择。

第六讲　探寻非洲治下的和平　/149

从地理上而言，非洲是全世界的中心，但在政治并且某种程度上在军事方面，非洲可能是最为边缘的大陆。非洲实际上几乎被赤道平分。非洲也是唯一被北归回线和南回归线穿过的大陆。经济上来说，非洲处于石油贸易路线和关键矿产资源的战略要地。然而，非洲在世界上的政治影响力并不大。这种地理上中心和政治上边缘的悖论有什么影响？军事羸弱是非洲被殖民的首要原因，外部军阀的介入是为了"平定"非洲大陆。对未来产生的疑问是，非洲是否需要解决这些军阀，使得其从过去大英帝国霸权下的和平向非洲治下的和平过渡。但这又如何做到呢？非洲是否应该加入核能和核扩散的政治斗争呢？

译　序

魔术师和政治家有着很多共同点：他们都必须将我们的注意力从他们真正所做的事情上转移。

——本·奥克里

关于非洲及其政治问题的根源，我们了解多少？

非洲是人类文明的发源地之一，其中古埃及文明的历史可以追溯到五千年前。非洲地域辽阔，文化多样，这片拥有悠久历史的大陆孕育了各种各样的文明和风俗。然而，当我们提到非洲时，往往只是将其简单地视为撒哈拉以南的地区，忽略了非洲的多元性和复杂性。这种由历史意识形态造成的偏见，导致在非洲研究中存在一些分歧和误解。

要探索真正的非洲，我们需要跳出旧有的思维定式和感性印象，重新认识这片多姿多彩的大陆。例如，就连"非洲"这个概念本身，也不是固定不变的，而是随着历史和地理的变化而变化。首先，地图上非洲的形状欺骗了我们的直觉，非洲真实的地理版图远比地图所显示的要大。其次，"非洲"这个概念一方面源自欧洲殖民者对于非洲的塑造，用作他者的"非洲"折射出欧洲自己的形象；另一方面它源于非洲裔美国人借用"泛非主义"对抗种族主义的需要。历史上的"非洲"概念与当下"非洲"的地理概念相距甚远，单纯以"非洲"的地理概念去理解非洲政治，似乎非洲拥有超越地理的统一性，显然难以理解当代非洲政治的历史发展状况。在这个基础上，我们需要进一步思考的问题是：为什么我们会对非洲有这样的误解？这种误解背后隐藏了什么真相？马兹鲁伊在《非洲的境况》一书中，就是从这些问题出发，对非洲面临的各种挑战和困境进行了深入的分析。

阿里·马兹鲁伊1933年出生于肯尼亚蒙巴萨的马兹鲁伊家族，该家族在肯尼亚有着显赫的地位。1963年，他在乌干达麦克雷雷大学任职，后因阿明统治下的乌干达政局问题，1973年举家迁往美国，先后在密歇根大学和宾汉姆顿大学任教，并当选为美国非洲研究协会主席。马兹鲁伊不仅是非洲、非裔美国人和全球化三类研究机构的建设者，还对推动非洲高等教育的发展起到了不可磨灭的作用。他于1995年获美国非洲研究协会非洲杰出学者奖，2000年获英国穆斯林社科协会终身学术成就奖，2010年被肯尼亚评为50年来十大杰出学者。马兹鲁伊的研究涵盖国际政治文化、非洲后殖民时期发展和南北关系等多个领域。他共出版了30余部专著，被誉为百科全书式学者和思想家。

本书初版时间为1980年，正值非洲国家独立后经历的"第二个十年"。这一时期非洲国家政治上的混乱，与20世纪60年代独立伊始的希望形成反差。尽管莫桑比克和安哥拉经历了独立战争后在1975年独立，并与埃塞俄比亚一同成为马克思列宁式的社会主义国家，但二十年间许多非洲独立国家政权更迭频繁。尼日利亚爆发了比夫拉内战，南非依然深陷种族隔离泥潭，为非洲独立后的和平蒙上一层阴影。非洲社会主义的实践也逐渐衰落，20世纪70年代末，坦桑尼亚的乌贾马运动迫使村庄实行集体化，导致农业产量下降。与此同时，自由主义在西非开始复兴，1979年，世界银行和国际货币基金组织向塞内加尔提供了结构调整计划，推动当地政府实行货币紧缩政策。

本书以非洲学者的视角，对非洲国家独立后存在的政治"病情"进行毫无保留的诊断，并在此基础上提出了切实的"治疗"方案。从21世纪的视角回顾，这些方案仍然有着诸多可取之处。

马兹鲁伊认为，这一时期非洲存在着六大悖论，涵盖了环境、种族、文化、经济、身份和国际政治领域。非洲在物质条件方面并非毫无优势可言，甚至可以说有着某些得天独厚的条件。然而，现实的情况是，非洲在这六个领域相对于世界其他地区都表现出明显的滞后。这是否意味着非洲已经陷入了无法挽救的困境？

马兹鲁伊针对六大悖论提出了相应的治理方案。这些方案不乏具有超越时代意义的构想。他认为，非洲国家政治上的分裂和经济上的落后，根源在于独立时期继承了殖民时期的经济结构，使得他们在独立后仍然处于旧殖民主义世界体系的边缘和从属地位。这一问题在西方国家以跨国公司、援助机构或债权人的身份介入下得到固化，使非洲国家本就脆弱的经济结构雪上加霜。经济问题成为导致非洲国家政治问题的重要原因。即使如此，马兹鲁伊在这样的历史背景下提出，非洲独立国家的发展不应脱离国际资本体系，而应寻求在体系内积极参与国际事务，并采取对发达国家进行市场与权力中枢反向渗透的策略，"以彼之道，还施彼身"。对于那些仍处于发展困境中的非洲国家来说，这一构想可能看似不切实际，然而，马兹鲁伊通过逐层逻辑分析的方法，将这一看似难以实现的愿景，转化为解决非洲发展问题的强力解药。

本书是首部在中国翻译出版的阿里·马兹鲁伊的独立著作，兼顾学术严肃性和文本可读性。这种风格刚好体现了马兹鲁伊在写作中所追求的"介于正式与非正式、严谨与随意、谨慎的学术讨论和旁征博引之间"的理念。从学术角度看，本书是马兹鲁伊长达五十年学术生涯中的一次重大思想转折。自此，马兹鲁伊开始尝试以文化为研究视角来探讨非洲问题。他开篇采用"折中主义"一词，不仅体现了本书的独特文风，也蕴含着一种深刻思考：非洲需要在自身文化的多样性基础上寻找自己的价值观方向。这个方向并非与世隔绝或回归传统，而是要真实认识非洲文化的多元现实，最终形成独具特色的非洲价值观体系。在马兹鲁伊的思想当中，非洲既是一个地理上的概念，也是一个文化上的合集，并非仅限于肤色上的种族划分。这一思考超越了当时非洲民族主义学者对非洲问题的局限和理想化观点，展示了马兹鲁伊敢于思考、善于推论的学术特质，并为马兹鲁伊随后提出重要的"非洲三重遗产"思想——非洲是在本土、伊斯兰和西方三重文化不断融合下形成的，三者同时具有竞争力和互补性——提供了学术基础。

马兹鲁伊的书对中国读者有着重要的参考价值。中国与非洲的外交关系源远流长，1955 年万隆会议为中非关系开创了新局面，中国对非政策的指导思想在此期间基本形成。

改革开放之前，中国与非洲国家建立外交关系，既受到意识形态的影响，同时也兼顾实用主义的外交策略。21世纪以来，中非关系已成为构建人类命运共同体的典范。作为中国读者，我们需要认识到，非洲既是历史进程的参与者，也是历史进程的推动者。中非关系强调互利共赢时，更应重视非洲国家自身的发展道路选择。

本书关于非洲的认识与推论已经成为历史的一部分。文本的开放性在于读者的想象，而文本的封闭性在于文字的内容。历史的画卷和背景有时仅是魔术师的把戏，非洲的现实政治依旧在迷雾中前行。因此，我们需要通过对历史的反复探讨，不断更新我们的认知。马兹鲁伊勇于挑战权威观点，他的思想与理论是建立在独立的思考模式之上的。在当今日益深化的全球化和信息化进程中，这种思维模式显得格外宝贵。

高天宜

2023 年 9 月 22 日

引　言

几年前，一位尖酸刻薄的评论家在书评中警告我，如果我再不注意的话，就会被邀请去英国广播公司的里斯讲座（BBC Reith Lectures）① 做演讲。我想这位评论家是针对我的写作风格而发出的警告，该风格介于正式与非正式、严谨与随意、谨慎的学术讨论和旁征博引之间。这种介于两者之间的风格正是里斯讲座的特点，从伯特兰·罗素到约翰·肯尼思·加尔布雷斯②都是如此。

在我看来，讲座采取折中主义的一个原因是，其自身陷入两难困境：采取大众普及的方式还是进行更为专业性的探讨。另一方面，世界上不同地区数百万的人可能听到广播的内容，这就要求演讲者要适度顾及广大听众。这也是该讲座面临的一项重大挑战。我要向前些年警告我的那位评论家道贺，因为他先知先觉，提醒我里斯讲

---

① 里斯讲座于 1948 年开播，在英国广播公司四台播放，旨在让学者或知名人士通过大众化的语言，促进公众对重大问题的理解和认识。第一位里斯讲座者是 20 世纪最具影响力的哲学家、诺贝尔奖获得者伯特兰·罗素（Bertrand Russell）。——译注

② 约翰·肯尼思·加尔布雷斯（John Kenneth Galbraith，1908—2006），美国经济学家，新制度学派领军人物。在里斯讲座中，他的主题是"新工业国家"（The New Industrial State），主要探讨的问题是生产经济和大公司对国家的影响。

座终将到来①。②

我早在作这些讲座之前就与英国广播公司有过联系，这种联系可以追溯到我在牛津大学纳菲尔德学院③的学生时代。当时我的女友住在伦敦，不知不觉中，在英国广播公司每周为我支付一两次交通费用后，我们维持着"订婚"般的温情。当时英国广播公司邀请我在非洲频道上用英语和斯瓦希里语定期做新闻评论。在牛津与伦敦之间为英国广播公司奔波的业务，最终成为促使我与莫莉结婚的一部分原因。

关于英国广播公司的国内服务（"国内"一词并没有双关含义④），我与之合作可追溯到我在牛津的学生时代。1963年，英国广播公司三台邀请我做了两次关于非洲的讲座，一次题目叫"非洲的清白"（The African Innocence），另一次叫作"非洲思想的外衣"（The Dress of African Thought）。

从那时起，我与英国广播公司就保持着联系，但在那位恶意的评论家在《政治研究》上发表评论前，我还从来没想过会被邀请到里斯讲座担任讲师。

---

① 原文为 Ides of Reith，马兹鲁伊这里用 Ides 这一罗马历中表示偿还债务最后期限的词来形容自己最终还是被里斯讲座邀请。——译注

② See R. W. Johnson's review of my book *Soldiers and Kinsmen in Uganda*，in *Political Studies*（Journal of the Political Studies Association of the United Kingdom）(1976)，Vol. XXV, No. 3, September 1977.

③ 英国牛津大学学院之一，专门研究社会科学。

④ 马兹鲁伊这样说是因为当时非洲部分地区属于英国殖民地，"国内"一词如作为双关语又会被曲解为这些非洲地区应属于英国。——译注

我在利兹大学担任现代英联邦历史客座教授的时候，英国广播公司曾试探性地找过我，其中一位负责人问我是否愿意成为1979年里斯讲座的候选人之一。就是这次试探性的邀请让我最终来到这里。

我的这些讲座主要是关于空间上的定位与社会分配，关注的是非洲在全球的自然地理位置，涉及经济分配与社会正义问题。

从某种意义上而言，非洲既是世界的中心，也是第三世界的核心组成部分。然而，非洲大陆才刚刚步入国际历史的主流视野。为什么会出现这种反常的现象？为什么这个处于中心位置的大陆在政治上长期处于边缘地位？

我们首先谈论的是，非洲在何种意义上处于世界的中心，而这层意义又如何关联到非洲在历史上的影响？非洲的自然地理位置又通过哪种方式影响了其文化与政治的命运？让我们仔细审视非洲的政治地理学和文化史学的边界，并将其作为此次讲座的学术背景之一。

在亚洲、非洲和欧洲这三块古老的大陆中，非洲总是扮演欧亚之间的纽带，有时甚至是以调解者的身份出现在西方世界与东方世界之间。仅从历史角度而言，我们尚无法得知非洲究竟属于东方世界的一部分，还是应该被纳入西方世界的范畴。

这片大陆充斥着矛盾，以至于它的北部地区——北非——在几个世纪以来多次变换着身份。北非一度是欧洲的延伸。这一说法可以追溯至腓尼基人和希腊人在北非的殖民，以及后来罗马帝国对北非的统治。"欧洲"这一概念在当时尚未形成。用历史学家帕尔默①和乔尔·科尔顿②的话说:"在古代,实际上并没有欧洲这一概念。在罗马帝国,我们可以看到一个地中海世界,甚至在帝国的拉丁语区和希腊语区,可以看到一个西方和东方的存在。然而,这个西方不仅包括欧洲的部分地区,同时也包含了部分非洲地区。"③

即使到了 17 世纪,人们也很难理解将地中海南北的大陆视为不同地区的想法。著名的美国非洲学家梅尔维尔·赫斯科维茨④指出,法国皇家地理学家曾在 1656 年把非洲描述成"一个包含欧洲大陆第三块也是最南边版图的巨大半岛"⑤。

现代历史中将北非视为欧洲南部的老派做法,其最后一幕当属法国试图将阿尔及利亚作为法国本土。阿尔及利亚被视为法国南部这一绝望的迷思在 20 世纪 50 年代撕裂了整个

① R. R. 帕尔默(R. R. Palmer,1909—2002),美国著名历史学家,1936—1977 年间先后执教于普林斯顿大学、华盛顿大学和耶鲁大学。他是法国大革命研究权威,同时也是美法两国革命比较研究的先驱。其著作有《民主革命的年代:美国与欧洲的政治史 1760—1800 年》《现代世界史》等。——译注

② 乔尔·科尔顿(Joel Colton,1918—2011),美国著名历史学家,1947—1989 年任教于杜克大学历史系。其著作有《现代世界史》。——译注

③ See R. R. Palmer in collaboration with Joel Colton, *A History of the Modern World*(New York: Knopf, 1962),2nd edn, p. 13.

④ 梅尔维尔·赫斯科维茨(Melville Herskovits,1895—1963),美国著名人类学家,1923—1927 年在哥伦比亚大学及霍华德大学任教,1927 年前往西北大学任职。1961 年成为美国第一位开办非洲问题讲座的教授。为美国文化相对主义的主要代表。主要著作有《黑人古代神话》《经济人类学》等。——译注

⑤ See Herskovits' contribution to Wellesley College, *Symposium on Africa*(Wellesley College, Massachusetts, 1960),p. 16.

法兰西民族，造成了 1958 年法国政治危机，从而促使戴高乐上台。此次危机中法国左派与右派之间剑拔弩张的局势直到 1962 年阿尔及利亚独立才得到缓解。这场政治风波也给戴高乐的政治生涯增添了痛苦的污点。

法国试图将阿尔及利亚作为欧洲国家南部地区延伸的时候，北非其他地区实际上早已成为亚洲地区的延伸。从 7 世纪开始，逐渐的伊斯兰化和阿拉伯化为北非这一地区西亚化的转变奠定了坚实的基础，但这并不意味着这些地方与南部欧洲互动的停滞。阿拉伯人自身成为一个横跨亚非大陆的人群。到了 20 世纪，事实上绝大多数阿拉伯人都居住在非洲大陆，尽管到 1975 年绝大多数阿拉伯国家都在西亚地区。

在非洲大陆使用阿拉伯语的人数要远远超过阿拉伯半岛。单从使用阿拉伯语的人数来看，阿拉伯语已成为非洲最重要的语言。

促使非洲与亚洲之间建立联系的另一个因素是伊斯兰教的作用。正如我们之后所看到的，伊斯兰教在分布上基本上是一个非亚（Afro-Asian）① 宗教，因为几乎所有的伊斯兰国家都在非洲或亚洲。但我们也应当看到，基督教从分布上而言是一种非洲-欧洲宗教，因为几乎所有的基督教国家都是西方或是非洲的一部分。就宗教历史而言，非洲的中心位置足以使其成为伊斯兰教和基督教传播普世主义精神的一个特殊舞台。

---

① 传统理解上应写作"亚非"，但鉴于本书作者马兹鲁伊是非洲人，故译作"非亚"。——译注

在第三世界的政治中，非洲也有被视为中心的资格。第三世界基本上是三大洲，拉丁美洲在西边，亚洲在东边，非洲在中间。非洲与亚洲的联系包括作为非白种人所遭受的屈辱经历。非洲和拉丁美洲之间的联系包括经济上被剥削的经历。拉美对美国而言，就像非洲对西欧一样，都是北方巨头渗透和控制的政治舞台。

非洲与拉丁美洲还有其他联系与相关之处。拉美走在分裂边缘的危险堪比非洲，尽管并没有那么严重。两个大洲都被分割成无数相互竞争的国家，小国遍布使得它们很容易受到外敌的剥削。

这两个大洲都有一个大国存在：拉丁美洲有巴西，非洲有尼日利亚。

这两个大洲都有相似的矿产资源，这导致国家之间的竞争，但同样为协商和合作提供了基础。这些资源不仅包括石油，还包括铜，这往往促使赞比亚、扎伊尔①和智利等国家聚集在一起。

这两个大洲都有相当规模的农业经济，同样也是竞争与合作并存。当涉及咖啡生产时，巴西和肯尼亚、乌干达、科特迪瓦等非洲咖啡生产国之间有进行密切磋商的必要性。

接下来谈到的是拉丁美洲种族构成中的黑人因素，尤其是巴西和古巴等国家。就非洲与古巴的关系而言，古巴国家构成中的黑人因素已经在一定程度上为古巴参与非洲事务提

① 1971年刚果民主共和国改名为扎伊尔，1997年恢复国名为刚果民主共和国。——译注

供了正当性。哈瓦那政府经常强调，古巴说到底是一个"非洲-拉美国家"。参与非洲战争的古巴黑人军队有助于弱化古巴作为外来干预势力的形象。

同样在未来可能作为非洲和拉丁美洲之间组带的是葡萄牙语。巴西之于葡萄牙，就像美国之于英国：一个对母亲而言长得太大的孩子。正如美国在前英属非洲殖民地的影响力最终会盖过英国一样，巴西在前葡属非洲殖民地的影响力终有一天也会超越葡萄牙。

非洲和拉丁美洲之间还有另一层联系，一个可能被低估的重要历史联系。私以为，美国为阻止欧洲人进入拉丁美洲而宣布的门罗主义，在随后的几十年里反而给非洲刻上了被殖民的烙印。门罗主义最先出现在 1823 年 12 月 2 日美国国会的国情咨文中。催生这份电报的背景是当时正处于叛乱的西属美洲殖民地受到欧洲干预的威胁。这种威胁可能导致欧洲对拉丁美洲的再殖民。

门罗主义宣称，西半球不再是欧洲未来的殖民地，美国将把欧洲大国重新进入美洲的任何企图视作危及美国和平与安全的行为。但它同时补充说，美国不会干涉已经在西半球建立的欧洲殖民地，美国也不会参与纯粹的欧洲战争。

我在此提出第一个假设，美国的决定使拉丁美洲远离欧洲再殖民，是否反而促使欧洲帝国主义更坚定地转向非洲。毕竟，美国对门罗主义相当重视。法国扶植马西米连诺称帝①之后，

---

① 1862 年，法国联合英国、西班牙入侵墨西哥。法军占领墨西哥城之后，1864 年，马西米连诺在法国皇帝拿破仑三世的怂恿下接受墨西哥皇位，史称墨西哥皇帝马西米连诺一世。——译注

1867 年，美国军队迫使法国从墨西哥撤军。1895 年，美国对英国在解决英属圭亚那和委内瑞拉的边界争端时施加压力①。

如果衰落的西属拉丁美洲殖民地可以被其他欧洲大国重新殖民，那么这些大国对非洲大陆的争夺可能就会被推迟。此外，可以想到的是，如果欧洲列强忙于在拉丁美洲建立新殖民地或采取新殖民主义，那么非洲被殖民的比例会相对更小。毕竟，非洲在当时的吸引力要小得多，因为相较于拉丁美洲，人们对非洲知之甚少。非洲不如拉丁美洲发达，外来者也不易进入，在经济和战略方面的评估也相对较低。在墨西哥安置一个法国皇帝，似乎比向塞内加尔河河口或刚果河的蜿蜒激流中派遣一支征服队更有吸引力。

我的第二个假设是，门罗主义使美国在拉丁美洲保有影响力，从而促使美国没有在 19 世纪晚期参与到对非洲大陆的争夺。毕竟，在 19 世纪的最后几十年，美国已经是一个大国（虽然还不是超级大国）。它向 1884 年至 1885 年初步制定争夺和瓜分非洲规则的柏林会议派出代表参会，但美帝国主义还是决定把精力集中在离家最近的潜在收获上。在这种情况下，门罗主义与"昭昭天命"（Manifest Destiny）的口号相结合。这是美国人在 19 世纪中期通常使用的一个短语，以便领土扩张合法化。该短语的起源可追溯至 1845 年 7 月《美国杂志与民主评论》中一篇未署名的文章。这篇文

① 该事件被称为"委内瑞拉危机"，是美国外交史上里程碑式的重要事件。此事件后，英国默认了美国在美洲事务上的主导地位。——译注

8

章提到，"为行昭昭天命之义，应尽取神赐之洲以荣万人之福"。这句话很快在国会中主张扩张主义的议员中流行起来，他们急于与墨西哥开战以便获得更多的领土，尤其是渴望得到加利福尼亚。因此，门罗主义允许美国在拉丁美洲践行间接帝国主义以获取更大的影响力，而"昭昭天命"的口号则使得美国对毗邻的领土开始直接的帝国主义行动，将其纳入自己的版图。根据《瓜达卢佩-伊达尔戈条约》（1848 年 2 月），墨西哥将新墨西哥州和加利福尼亚州割让给美国，不知是否是巧合，美国在加利福尼亚州竟然发现了黄金。墨西哥还放弃了对得克萨斯州的领土要求，并承认与美国以格兰德河为界。

由此产生的问题是，除了利比里亚作为美国黑人回归非洲的特殊案例外，美国在西半球的帝国主义行径是否是导致美国在非洲没有殖民地的一个因素。如果没有西半球的拉丁美洲让美国为扩大自己的政治体忙得不可开交，星条旗确实会在的黎波里海岸①和乞力马扎罗雪山之间，或是沃尔塔河口和好望角风暴之间某个地方飘扬。

从这个意义上而言，拉丁美洲在消除美国作为非洲大陆潜在的帝国主义力量方面发挥了作用。另一方面，由于未能对拉丁美洲施行再殖民，欧洲人更早地将目光转向非洲，探寻可以征服的新世界。正是这些或多或少的历史问题使得非洲变成第三世界的"中间型"大陆。正如我们所指出的，撒哈拉以南非洲与拉丁美洲有着重要的联系；北非地区与亚洲

---

① 的黎波里为利比亚首都。——译注

有着重要的联系。不过,撒哈拉南北的两块非洲大陆都同时与第三世界国家有着诸多联系。这使得非洲在第三世界运动中继续稳固其"中间型"大陆的地位。

20世纪70年代,非亚主义(Afro-Asianism)主要通过阿拉伯国家的联系和石油大国的崛起而加强。非洲-拉丁主义(Afro-Latinism)同样通过古巴,特别是古巴参与安哥拉的解放斗争而得到加强。

至于北非身份的变化,它现在不再被认为是欧洲的南部,但它有时会被视为西亚向西的延伸。事实上,"马格里布"这个词本身意味着"西方"。

但作为西亚的延伸,北非当然也是非洲的一部分。非洲在古老的三个大陆中处于中心地位,这一点可以清晰地从北非身份的变动中看出。

非洲的战略地位还提供了其他方面的联系。例如,红海的归属权这个政治问题一直使非洲之角地区的外交和政治饱受困扰。西方与苏联在对索马里和埃塞俄比亚施加影响这方面的竞争某种程度上是一场关于红海在意识形态上应该有多"红"的争论。如果苏联真的有效地控制红海和亚丁湾的出入口,那么西方的石油路线会变得有多么危险?

厄立特里亚的斗争一定程度上也是一种战略上的痛苦考虑。该地区毗邻红海区域,而且不愿意被纳入埃塞俄比亚的政治版图。厄立特里亚的独立会使红海转变为阿拉伯内湖吗?尽管以色列与埃及签订了和平条约,但该问题是否会对以色列市场的重要出口构成严重威胁呢?

总体而言,非洲的地理位置对世界贸易与交通以及世界各地矿产和其他资源都有影响。

然而，尽管非洲在地理上和政治经济学上处于中心地位，但在全球体系中势单力薄，影响力也处于边缘地位。是什么造成了这种边缘化？这种边缘化是否可以扭转？

我试图在这六次简短的演讲中全方位直面这种非洲境况。我也深知这个主题不仅对只靠六次演讲来阐述的我是一个大挑战，而且对任何人而言都是如此。

毕竟，关于非洲的境况问题是见仁见智的。鉴于我是政治学科班出身，我对特定情况下的政治细微差别特别敏感。对我而言，非洲的政治层面尤为重要。

但即使在政治层面上探讨，我又该如何从浩瀚的材料中进行梳理？所幸的是，这里会有六次里斯讲座。我打算探讨非洲困境下的六个基本悖论。

首先，"居住地悖论"。非洲是人类最早的栖息地，却也是最不适宜人类真正居住的地方。

其次，"耻辱悖论"。非洲人受残害不是最严重的，但可能在现代历史上遭受的屈辱最深。

第三，"文化变更悖论"。非洲社会在文化上并不是最接近西方的，但在20世纪却经历着最快速的西化步伐。

第四，"分裂悖论"。非洲并不是世界上最小的大陆，但它却可能是政治上最支离破碎的大陆。

第五，我们不得不见证"迟缓悖论"。非洲并非全世界资源最贫乏的地区，但却是除南极洲之外发展最迟缓、最不充分的大陆。

最后，再次回到基本问题——"位置悖论"。就地理上而言，非洲是全世界的中心，但在政治上又是除南极洲外最为边缘的大陆。

我希望借此机会，在这些讲座中探讨非洲作为欠发达大陆的六个悖论。

首先，我要感谢英国广播公司为我提供这样一个平台，得以向数百万人讲述对非洲人来说重要的问题。英国广播公司慷慨解囊为我提供车马费，使我能够两次分别访问不同的非洲国家，而且他们还为我提供了出行预留金。这体现了英国广播公司在进入20世纪80年代后，对非洲研究这一特殊任务的重视程度。

在我为这些讲座而访问非洲国家的过程中，我有幸采访了两位时任总统（一位讲英语，一位说法语）、一位前总统，以及非统组织秘书长、联合国非洲委员会行政秘书长兼负责人、非洲开发银行官员、联合国教科文组织官员和顾问、全非教会联合会官员。我还采访了其他国际组织的部分官员和部分非洲及西方国家的大使，以及一些来自不同组织的记者。当然，我也采访了来自三个大洲的学者和知识分子。我要感谢的人太多，在此就不一一列举，如没有这些人的鼓励，此次讲座必然会内容受限，视野狭隘。

我的节目制作人迈克尔·格林先生在其中扮演了举足轻重的角色。他与我共同往返于西非，并在密歇根州与我一道编写讲稿。格林有着非凡的天赋，使广播通讯得以物尽其用。他的主要任务是确保我在学术论证与大众理解之间达到微妙的平衡。事实上，格林对我的价值远不止此。就非洲问题而言，他是新手，却将这一劣势转变为一笔财富。他要求我向他解释自己的立场，为这些立场辩护并进行详尽阐述。实际上，是他迫使我对这些问题做出更充分的解释。

向迈克尔·格林坚持不懈且精心策划的质疑致敬，这让我超越原先讲座意图表达的内容。

在准备这些讲座的过程中，密歇根大学非裔美国人和非洲研究中心（CAAS）提供了基础支持。我非常感谢我的同事尼亚拉·苏达卡萨（Niara Sudarkasa）教授和戈弗雷·乌佐伊圭（Godfrey Uzoigwe）教授，他们承担了我作为密歇根大学非裔美国人和非洲研究中心主任的一些行政职务，使我能够在周密的讲座计划时间表内进行准备。我在中心的行政助理罗泽伦·奇克（Rosellen Cheek）女士也在这一特殊时期为我承担了额外的工作。

内罗毕肯雅塔大学学院的亨利·德苏扎（Henry D'Souza）博士为这些讲座的基础研究提供了很大的帮助。

不同底稿的打字工作落在了我尽职尽责、宠辱不惊的秘书瓦莱丽·沃德（Valerie Ward）夫人身上，凯瑟琳·考里（Catherine Coury）夫人和埃米莉·帕尔默（Emily Palmer）女士都为她提供了帮助。如果没有她们的团队合作，1979年的里斯讲座就很难在精心安排的档期内完成。

向密歇根大学政治系负责人致敬，我很感激他为我的里斯讲座档期而调整教学任务。

里斯讲座中基础的听众总是英国人，不过我家里一直有一个英国听众——我那来自约克郡的妻子莫莉。在她的大力支持下，我才有了这些讲座所带来的荣誉。

以书面形式发表演讲稿和广播中发表的演讲不尽相同。文字形式的媒介可以让我提供更详尽的阐述和更广阔的分析空间。

阿里·马兹鲁伊

1979 年

第一讲
衰败中的伊甸园

在 1962 年的里斯讲座中，牛津大学的历史学家玛格丽·佩勒姆（Margery Perham）爵士①决定用一个会计学方面的比喻来证明其观点。她的讲座题目是"殖民估算"，主要内容是对殖民地和帝国主义国家在殖民时期的殖民成本和收益列一个决算表。

我对自己此次里斯讲座内容的比喻取材于医学领域。就好比我是一名医生，非洲在某一特定周年纪念日前夕找我，要求做一个全方位的体检。非洲与欧洲之间产生联系的重要百年便是 19 世纪 80 年代到 20 世纪 80 年代。正是在 19 世纪 80 年代，柏林会议达成了欧洲国家瓜分非洲的协议；而在 19 世纪 80 年代，埃及被占领，列强争夺尼罗河河谷，对非洲大陆的争夺拉开序幕；还是在 19 世纪 80 年代，非洲的版图开始迅速被各式各样欧洲占领国旗帜的颜色所填充。让我们假设，正是在欧洲蹂躏其身、夺其财产的百年纪念日，非洲来到我的诊所接受各种医学检查。

因此，我们将此次系列讲座的主题命名为"非洲的境况"有两个主要缘由：第一，非洲的境况是需要诊断的。在

---

① 玛格丽·佩勒姆曾在 1951 年提出"非洲没有书面语言，因而也不存在历史"的论断。——译注

某种意义上，这个系列的讲座是关于非洲的病痛。里斯讲座化身为诊断非洲政治体的体温计。病情是否很糟糕？如果糟糕，那么得的是什么病？在与欧洲进行了百年密切互动之后，非洲的健康状况如何？

第二，该主题呼应了哲学上的短语"人的境况"①。我们建议将非洲的状况作为衡量世界状况的一种方式进行研究。非洲在某种程度上是"人的境况"的一面镜子。

但在镜子里，左手变成了右手，反之亦然。镜子既是现实的反馈，又是现实的扭曲。镜子自身便是一个悖论。

我在这些讲座中将利用矛盾作为一种分析模式。柏拉图主义者、黑格尔主义者和马克思主义者也将矛盾作为研究现实的工具，但他们称之为"辩证法"。卓越源于矛盾的调和。现实总是矛盾的集合体。

我们选择在这些讲座中集中讨论非洲境况的六个悖论。第一个悖论是衰败中的伊甸园。非洲可能是人类最早的栖息地，却也是最不适宜真正居住的地方。伊甸园的荒芜源于土壤侵蚀和地力衰退。另一方面，由于人们的忽视，伊甸园杂草丛生。在对整个系列做一个总体介绍后，我今天的第一讲就主要谈论这一悖论。

在我的第二个演讲中，我将讨论非洲人受残害不是最重但受屈辱颇深的悖论。美国电视剧《根》②的收视率仅次于

---

① 美籍德裔学者汉娜·阿伦特（Hannah Arendt）的著作《人的境况》是政治哲学的经典著作。她把对政治本性的探讨建立在分析存在条件和意义的基础之上，追问什么是真正的政治。——译注

② 美国 ABC 电视台 1977 年播出的美剧，改编自阿历克斯·哈利的小说《根：一个美国家族的历史》，在美国播放时大获成功，曾获得9 项艾美奖。——译注

《大屠杀》。《根》讲述的是黑人所遭受的从奴隶制到现如今种族主义的屈辱经历。《大屠杀》是关于犹太人被残害的故事。单从肉体上的摧残来说，黑人并不一定是受害最深的，犹太人的经历更为残酷。但就受屈辱和蔑视的程度而言，非洲人和有非洲血统的人在现代历史上遭受的痛苦最深。

我的第三个讲座涉及文化的冲突与变更。非洲社会在文化上并不是最接近西方的，但在20世纪却经历着最快速的西化步伐。非洲大陆大多被西化的非洲人所掌控。欧洲人的语言在非洲大陆肆意且无情地摧毁和破坏一种又一种地方文化。非洲人反抗西方人的同时不得不模仿西方。

在我的第四个讲座中，我将考虑的是非洲不发达的责任本身。一个资源富有的大陆，其人民却穷困潦倒。一个拥有得天独厚条件的大陆却被联合国认为是最穷的地区。一个黄金大陆却拥有数百万贫困人口，为什么会存在这样的悖论？天呐，究竟为什么？

随后，我们谈论这样一个悖论：一个大到足以容纳乔纳森·斯威夫特笔下的布罗卜丁奈格的大陆，却满是利立浦特①。在世界各大洲中，非洲的面积仅次于亚洲，却分成了40多个利立浦特。我将在第五个讲座中以辩证的方式回应这个分裂问题。

我的最后一讲将探讨非洲在全球当中的地理位置及该位置与其经济、政治和军事命运的关系。在地理上，非洲在所

---

① 出自英国作家乔纳森·斯威夫特的《格列佛游记》，布罗卜丁奈格即我们熟知的大人国，利立浦特是小人国。——译注

有大陆中位于最中间的位置，但在军事和政治上却可能是最边缘的。这种地理上的中心与战略上次要、政治上柔弱的矛盾有什么影响？非洲如何从"人类之城"中间的"政治弱小监狱"内走出来？

如果你的起居室内有一张世界地图或是一个地球仪，你可以通过观察它们来做一些参考。

数个世纪以来，欧洲的民族中心主义在地图绘制方面对各大洲面积的影响令人惊愕。直到今天，在绝大多数的地图集中，北半球的面积仍然大到不成比例。当然，对北方面积的歪曲可以追溯至没有涉及测量或是"科学方法"的年代。但是，16世纪欧洲著名的制图家基哈德斯·墨卡托①继续通过在地图上扭曲面积大小，使之有利于地球上的北方大陆。如果你看一张基于墨卡托投影设计的现代地图，会发现北美洲大概是非洲面积的1.5倍。在墨卡托投影绘制的地图上，你很难相信非洲的面积是美国的3.5倍。

近期出现的布里泽迈斯特投影法试图通过一个椭圆的等面积焦点，以平方英里为单位展示不同的大陆。从视觉角度来看，非洲是有人类居住的大陆中的第二大洲，仅次于亚洲。

在墨卡托投影中，格陵兰岛的面积几乎与非洲相当，这当然是荒谬的，因为格陵兰岛的面积只相当于非洲的很小一

---

① 基哈德斯·墨卡托（Gerhardus Mercator，1512—1594），荷兰制图学者，1569年创造了能同时满足航用海图两个条件的投影方法——等角正圆柱投影，即墨卡托投影。目前95%以上的航用海图由该方法制作。——译注

部分。

1977 年在巴黎举行的关于国际经济新秩序的南北对话中，出现了图像扭曲的问题。当时展示的地图，有些是受墨卡托投影法影响，有严重扩大北半球面积的倾向。有些是受新的投影法影响，更系统地尝试将平面地图上各大洲的大小与地球仪上的大小联系起来，从而更接近每个大洲的实际面积。在几代人数以百万计孩童的视觉记忆中，对北半球大陆和南半球大陆的直观感觉都是扭曲的。

1979 年 7 月，我本人在巴黎的联合国教科文组织总部参加了一个教科文组织关于人类文明史新项目的会议讨论，这个新项目是对之前人类文明史项目的革新。此外，还有一个关于从埃及法老时代到现代非洲历史的单独项目。在其中的一次会议中，再次出现彰显西方制图史上北半球民族中心主义的地图。在私下的讨论中，有人质疑这些扭曲的图像对西方自我形象的影响，以及（受影响后的）自我形象对西方国家与南半球大陆人民之间关系的影响。事实上，绝大多数在非洲学校使用的地图，在描绘世界时大多引用了墨卡托投影法。

阿玛迪罗①投影法是墨卡托投影法与布里泽迈斯特投影法的折中。一方面，它试图将墨卡托版本地图中固有的面积扭曲降到最低；另一方面，它力图在平坦的画面上保持地图的形象，即当犰狳像球一样卷起来时在其壳上绘制的地图，最后展开时呈现的样子。

----

① Armadillo 又译作犰狳。——译注

19

可以明确的是，非洲大陆的面积比中国和印度加起来还要大，而且也比几个世纪以来试图征服它，迫害它，却没得到它的所有帝国加起来还要大。

至于地图上大陆面积上展现的扭曲，部分原因是由于制图师将世界的北方置于世界的顶端。无论是圆形的地球仪还是方形的平面图，从科学意义上而言都没有必要将欧洲置于非洲之上。总体而言，使北冰洋置于"顶端"而南极洲处于"末端"的决定实属科学史上的意外而非宇宙亘古不变的道理。我们习惯于认为我们的地球在银河中旋转时，格陵兰岛在上面而不是下面。但是，如果我们能够想象自己是从地球另一边观测，那么我们就不得不重新调整"上"与"下"等同于北与南这种根深蒂固的想法。

从历史上来看，北半球在过去的五百年确实在科学技术与科学知识方面持续进步。工业革命赋予欧洲和北美国家经济优势，北半球也一直在"顶端"。在过去的两百年时间里，北半球在政治上一直是"顶端"的，因为它征服了世界的大部分地区，并将对世界其他大部分地区的控制维持至今。这种意义上的"顶端"是真实的。但从绘图学角度来说，欧洲大陆是"顶端"而非洲大陆是"末端"实难让人苟同。我们谈论的是科学的惯例而非现实的维度，是地图绘制的无意之举而非世间的普遍定理。

非洲人经常抱怨，随着时间的推移，不管是有意识还是无意识，西方世界发展的不同类型学科一直试图将非洲视为无足轻重的地方。生物学家、人类学家和心理学家隔段时间就会对智商是否是一个基因问题进行辩论，而这又会涉及种族与民族的话题。很多人会断然认为，在基因上黑人比白人的智力低。

长期以来，西方的史学家试图降低非洲社会历史的重要性。近来最臭名昭著的例子莫过于牛津大学现代史皇家钦定教授休·特雷弗-罗珀爵士的断言："也许将来会有一些非洲历史，但目前还不存在……非洲只有欧洲人在非洲的历史……其余都是黑暗，而黑暗不是历史的主题。"[1]

社会与文化人类学家已经按比例缩减了非洲的组织结构和文化，尽管通常带有感情并表现出占有的姿态。西方人类学学者"选用"不同的非洲"部落"，将其作为"原始社会"的特殊案例进行研究。非洲人早已对西方人类学的谬误进行反抗，西方人类学现已发生重大变化。该学科不仅更加尊重非洲人，而且至少同样重要的是，符合真正致力于科学的态度。

我们现在开始需要解决的问题是地理学家的歪曲，西方制图学家的种族中心主义。非洲可能已被剥夺作为人类文明一部分的资格，但其真实面积的大小是否也要被否认呢？我们是否可以在学校继续尝试使用一些不那么歪曲现实的地图和地球仪呢？难道我们不应该在每所学校的地图上都上演"把世界反过来"的替代方案吗？把南美洲置于上，把北美洲置于下，把非洲置于上，把欧洲置于下。是否所有地理课都应更明确地说明即使在地图制作中也存在种族中心主义的

---

[1] Hugh Trevor-Roper, "The Rise of Christian Europe", *The Listener* (London), 28 November 1963, p. 871. For a response, see J. D. Fage, *On the Nature of African History* (Inaugural lecture, University of Birmingham, March 1965).

危险？

卡尔·马克思试图纠正黑格尔的立场，从而将物质放在对意识的首要位置。未来的地图绘制者可能需要把地球放在正确的一面，恢复人类的摇篮、人类历史的起点——非洲——所亟需的地位。

这让我们重新回到伊甸园衰败的悖论中。这个人类最早的家园却遭受居住条件上的危机。很多地方已不适合人类居住。

我想把最低宜居条件分为三种：首先是*生态条件*，如气候和地形地貌。非洲的自然环境多大程度上适宜人类相对舒适的居住？

其次是*技术条件*，特别是驾驭自然的最低限度的技术。在非洲居住需要多大程度的生存技巧？

第三是*社会政治条件*，以及这些条件在何种程度上使一个地方适于人类的和平生存。是否因为今日的非洲人把他们的社会和政治安排得一团糟，以至于自从欧洲人干预之后，这个地方变得更不适宜文明存在，抑或是更适合？

就人类居住最低限度的生态条件而言，欧洲对非洲的影响是有益的。欧洲并没有改变非洲的气候，而是让非洲人明白土壤侵蚀和现在被称作"沙漠化"的过程。了解生态是控制或适应它的第一步。

与技术条件密切相关的，是欧洲对非洲在居住方面的影响。与居住相关的重要技能以殖民主义为纽带进行传播。同欧洲人渗透和殖民化之前相比，现如今非洲在处理疾病、修建公路和铁路方面的能力在加强。

欧洲对非洲产生的负面影响更多体现在社会经济条件上，而不是生态和技术上。

欧洲人摧毁了非洲的权威机构与政府，留下一块巨大的政治空白。殖民前非洲盛行的共同生活原则、传统社会生活的价值观和集体责任，被欧洲带来的人为规范所取代。一个接一个的殖民地尝试通过威斯敏斯特体系①进行统治。在一个又一个殖民地，欧洲人强行将所谓的"部落"与另一个"部落"区分开，同时又迫使他们生活在同一国家范围内。一个接一个的殖民地经历了新阶级的诞生，却未能获得有效解决冲突的必要能力。

在那些生态宜居的殖民地，欧洲人蜂拥而至，为日后他们与当地人产生冲突、发生社会政治可居住性危机埋下了伏笔。

在我们谈论社会和政治环境压力之前，首先让我们简要谈一谈非洲生活的生态条件和技术条件所产生的遗留问题。

确实，为创造一个使非洲更适宜居住的环境，人们需要在控制血吸虫病、昏睡病、霍乱和疟疾等疾病方面取得更多的进展。正如我提到的，这是殖民主义渗透的部分积极面。在非洲被殖民化的时候，西方的医学和技术已经非常领先，至少对非洲社会的部分特定领域产生了些许积极影响。婴儿死亡率略微下降；预期寿命略有提高。随着药品、相关医疗设备和治疗的改善，死亡率下降，非洲人口开始明显增加。

提升非洲的宜居性同样需要驯服自然的能力。在白人到

---

① 威斯敏斯特体系指的是英国议会式的政府体制。——译注

达非洲之前，西方的技术又一次革新。在他们到达时，在符合白人利益的田地内，亩产量随着技术而增加；在符合白人利益的地方，道路因技术而修建；在精心选取的区域，野生动物因技术而被控制；在需要深入非洲大地寻找矿物时，水坝因技术而建造。当然，（白人）在非洲对自然的驯服是时好时坏的，部分原因是热带地区的大自然非常具有侵略性。此外，还存在荒漠化的问题，即不毛之地的面积不断扩大。在萨赫勒①地区，大自然仍在大肆破坏非洲的宜居性。人类自身的活动也在加剧荒漠化，一部分原因是出于对土壤侵蚀的无知，另一部分原因是为了商业目的或直接利益而砍伐树木满足私利。饥荒不时地对非洲部分地区造成打击，而国际社会尚没有意愿或动机来充分掌控大自然，以确保相对稳定的居住环境。

第四个亟待改善的领域是通过加强大陆东西、南北和对角线的通信，使非洲大陆自身开放。非洲的运输和通信手段是出了名的差。在大多数情况下，非洲的一个地区与欧洲的联络比它与非洲任意其他地区更容易。当然，电信业和航空运输业仍然带有殖民主义的印记，这使得它们服务于非洲与欧洲的互动，而不是非洲内部的互动。现在可以从内罗毕或蒙巴萨的私人电话直拨到美国，但不可能用这同一个电话拨通到拉各斯或阿让比②。

---

① 非洲北部撒哈拉沙漠和中部苏丹草原地区之间的一条长超过3800千米的地带。——译注

② 拉各斯是1980年时尼日利亚的首都；阿让比是科特迪瓦1980年时的首都。——译注

非洲的地面交通非常简陋，即使在一个国家范围内，铁路很有限，公路也很脆弱。受到植被生长的影响，地面交通都不足以广泛深入到内陆地区。

悖论周围仍然萦绕着许多问题。为什么这个人类最早的家园，在技术、生态和社会政治宜居度方面的发展如此缓慢？为什么这个大陆的通信业发展比其他一些大陆慢？为什么严重的疾病会一直存在？为什么撒哈拉以南的居住结构、家庭住宅仍然如此简陋？所有的这一切与来自外部的寻求征服新土地、掠夺新财富、获取新居住地的白人涌入有怎样的联系？

非洲居住地政治危机的最后一幕正在南部非洲上演。白人移民进入这部分大陆，他们耕种土地，开采矿物，为自己和他人建造新的家园。但他们同时也遏制和控制曾经古老的移民，即黑人。

在本讲座中，我们不会对悖论的第一部分，即非洲可能是人类最初的家园讲述太多。我们将集中讨论悖论的第二部分，即非洲在真正成为宜居地方面的缓慢进程。

至少有一点可以确认，近期的考古发现增加了这种可能性：如果曾经有第一个男人和女人诞生的伊甸园存在，这个地方极可能位于非洲大陆。这不是一个夏娃从亚当肋骨中创造出来的故事，这更像是亚当和夏娃都是从一个古老物种的下身创造出来的。一个重要的突破是肯尼亚的路易斯·利基（Louis Leakey）的重大发现，即在猿类中发现了*原康修尔猿*（*Proconsul*）。这种生物大脑更大，视觉也更敏锐，为这一标本命名*原康修尔猿*是人类学上的聪明做法。这个名字暗指利基发现的是 1931 年伦敦动物园一只著名黑猩猩的祖先，这只黑猩猩的绰号是"康修尔"①。

越来越多的证据证明，人类首先在非洲成为人，这为种族主义者和非洲民族主义者提供了筹码。种族主义者试图将我们带回社会达尔文主义和"存在巨链"的旧理论中。

旧理论是静态的，基于一种旧式想法，即上帝如此创建世界，使宇宙和创造物被安排在一个伟大的存在链中；所有生物都可以被分类置于一种等级体系，"从人到最小可以被显微镜发现的爬行动物"②。

然而，被分类的不仅仅是物种。即使是在高级物种（人类）中，也有相应的划分。存在巨链理论认为，全能的上帝不希望一种生物和另一种生物之间存在巨大的差异。所以，在猩猩和白人之间必须有一种介于二者之间的中间物种。早在 1713 年，自然学家就开始寻找人类和猿类之间的"缺失环节"，强烈怀疑并认为南非的霍屯督人③和猩猩可能在"活动方式"上相近，只不过因为猩猩不能说话而产生区分。④

对种族主义者而言，考古学家能在非洲发现人与猿类之间的缺失环节并不奇怪。非洲大陆的很多白人定居者仍然认

---

① 马兹鲁伊在这里使用该例子是因为肯尼亚考古发现的命名，实际上是暗指该古猿类与动物园黑猩猩有某种生物上的联系。——译注

② Charles White, *An Account of the Regular Graduations in Man* (London, 1799), Vol. I. Consult also A. O. Lovejoy, *The Great Chain of Being* (Cambridge, Mass., 1936).

③ 主要分布在纳米比亚、博兹瓦纳和南非，与布须曼人合称为科伊桑人。——译注

④ Lovejoy, ibid, pp. 233 ff.; also Lovejoy, "Some Eighteenth Century Evolutionists", *Popular Science Monthly* (1904), Vol. LXV, p. 327.

为，非洲人仅仅是没多久前才从树上来到地面上，他们只是像猴子一样是猿类的化身。

南部非洲的报纸和公开演讲，已经不像几十年前那样，明目张胆地公开表达新达尔文主义——将黑人等同于猿与人之间的缺失环节，但这种想法仍然在其潜意识中存在。在面对生活在非洲的白人与黑人的关系时，坚持种族隔离的重要原因是根深蒂固的迷信，认为黑人是不同于人且低等的物种。

另一方面，在非洲民族主义和浪漫主义思想中，非洲可能是人类第一个家园的发现触动了非洲人的自豪之情。考古学家们的坚持，为那些认为非洲是最初伊甸园的人提供了筹码。这种对原始非洲性质的看法与对欧洲亵渎非洲前的非洲纯真时代的看法相关联。

现代非洲的一个重要浪漫主义思想流派以"黑人性"（Negritude）①为名。我和一位英国同事几年前曾在一篇联名文章中提到：

> 黑人性很容易陷入把传统的殖民前非洲视为伊甸园的夸张描写。也许这是大环境所导致的结果。也许这是基督教本身在非洲渗透的一个不寻常的方面，即人们不再相信殖民主义发明之前，也是有恶人存在的。②

---

① 20世纪30年代开始，由桑戈尔、莱昂·达马等人倡导，旨在恢复黑人价值，唤起非洲殖民地社会民众在文化个性和文化归属方面之自尊的文学运动。——译注

② Mazrui and G. F. Engholm, "Rousseau and Intellectualized Populism in Africa", *The Review of Politics* (U. S. A.) (January 1968), Vol. 30, No. 1, p. 24.

非洲浪漫主义思想的这一流派是一种怀旧思想，是对不复存在的纯真的向往。对他们而言，现在所能做的就是在当下这个坏时代竭其所能，努力保留一些传统非洲价值观，并让这些价值观和随之而来的殖民主义及现代化的影响进行结合。

不过，还好有考古学家，非洲伊甸园的说法在一些场合仍然停留于字面上的含义而非上述两者所引申的隐喻。有一种观点认为，亚当是一个黑人，这是美国黑人穆斯林界的共识。当下所掌握的科学信息可能会站在伊利贾·穆罕默德①的黑人穆斯林学说一边。尽管不能确定第一个人类是否是黑人，但正如我们所指出的，越来越多的证据表明，第一个人是非洲人。东非沿海地区，同样是我个人的出生地，很可能是整个人类的摇篮。作为人类诞生象征和绝对纯真时代象征的伊甸园，是黑人浪漫主义思想的重要组成部分。

当然，黑人性和其他非洲浪漫主义思想流派既有其认同者，也有来自非洲的批判家。南非作家慕帕赫列列②是最早反对黑人性基本假设的批评家。慕帕赫列列认为，当黑人性假设过于天真时，它就无法同时赋予非洲人自发能动性。毕竟，自发性有时意味着暴力的回应。1963 年 4 月，在达喀尔的一次会议上，慕帕赫列列抛出爆炸性观点：

---

① 伊利贾·穆罕默德（Elijah Muhammad，1897—1975），美国黑人穆斯林领袖。——译注
② 慕帕赫列列（Ezekiel Mphahlele，1919—），南非作家，1957年因反对南非当局对黑人作者压迫而被迫流亡尼日利亚。——译注

我无法接受……过多由黑人性启发的诗歌将非洲浪漫化的方式——将其视为天真、纯洁和直率的原始性象征。当有人暗示非洲也并非一个充斥暴力的大陆时，我感到了羞辱。我是一个有暴力倾向的人，并以此为荣，因为这是人的一种健康的心理状态。[①]

慕帕赫列列过于强调非洲的暴力问题，从而触及我们居住地矛盾的第二部分——非洲在社会和政治上宜居度提升缓慢。同样是在这次会议上，慕帕赫列列以明智的夸张手法使得一些认同黑人性的听众感到震惊：

总有一天，我要掠夺、强奸、放火；我要割断某人的喉咙；我要颠覆政府；我要组织政变；是的，我要反对自己的族群；我要追杀那些欺负弱小黑人的有钱胖黑人并毁掉他们；我要成为一个资本家，所有与我擦肩而过或想要成为我的下人抑或是司机的人都要倒霉；我要领导一个分离出去的教会——这里很有钱；我要攻击黑人中产阶级，同时种植一个花园，饲养狗和鹦鹉，听爵士乐和古典乐，阅读"文化"等等。是的，我还准备一次罢工。难道你不知道，我有时随着鼓点来割断婴儿的筋骨以治疗他的瘫痪吗？[②]

① "Negritude and its Enemies: A Reply", in Gerald Moore (ed.), *African Literature and the Universities* (Ibadan: Ibadan University Press, 1965), p. 25.

② Ezekiel Mphahlele, *The African Image* (New York: Frederick A. Praeger, 1962), p. 23.

事实上，慕帕赫列列是我见过的最不暴虐的人之一。但作为一个流亡在外的南非黑人，他见证了非洲黑人的可居住性危机。尽管他是一位杰出的作家，但他还是像许多非洲难民不得不面对的那样，遭受了同胞在经济和政治上的不信任。他曾在赞比亚、尼日利亚和肯尼亚生活。他离开非洲时有点心灰意冷，确信至少对于那些非洲流亡者而言，非洲存在着可居住性危机。

在美国教书一段时间后，慕帕赫列列决定重返白人控制的南非故土。在慕帕赫列列的家乡，非白人在政治和经济生活上是受到压迫的。但他作为一个南非流亡者仍然决定回国——与人民一起受苦。他决定正视非洲可居住性的矛盾。

对于其他数百万人而言，一种不安仍然在蔓延。撒哈拉以南非洲与东南亚一样，有着世界上最严重的难民问题。根据人们对难民的不同定义，大概世界上三分之一的难民在撒哈拉以南非洲。很多非洲人因暴政而逃离家园，如不久前的几内亚（科纳克里），伊迪·阿明政权被推翻之前的乌干达，以及自爆发推翻海尔·塞拉西皇帝的革命之后的埃塞俄比亚。不过，其他难民的存在不仅仅是因为暴政，而是因为其社会自身存在深刻的、似乎不可调和的种族裂痕。这包括来自卢旺达和布隆迪，以及阿明时期和之后来自扎伊尔、安哥拉和乌干达等国数以万计的难民。除此之外，在津巴布韦、纳米比亚和南非，还有诸多因为种族统治或种族战争逃离的人。

与东南亚和印度次大陆相比，非洲难民问题不那么明显。这部分是因为非洲难民不会在"不自由，毋宁死"的高调口号中进入国际视野。对他们来说，跨越国家边界、逃避国内的屠杀是不足挂齿的。但除此之外，非洲难民问题不明显的原因在于，一些与难民相关的非洲国家本身很小，而且可能人口不多。尽管难民人数加在一起非常可观，但从单独国家逃难的人数仍无法与亚洲难民相提并论。赤道几内亚作为前法属殖民地的西非小国，后来由一个残暴的黑人独裁者继承后，该国有三分之一的人在流亡。非洲大陆的人口不到5亿人，有着50个国家。这意味着平均每个国家的人数都不到1000万人。

所以，如果把难民的人数加在一起，以人均来看难民，非洲的问题就会变成世界上除巴勒斯坦离散人群外最大的问题。政治上的可居住性危机继续困扰着非洲国家。人的流动往往是衡量可居住性的一个重要标准。难民则是用行进中的实际行动来为可居住地投票打分。

不过，国际影响更大的移民，可能是非洲人向发达工业国家，特别是向西方世界的移民。一些西方国家正在收紧他们的移民要求，一些国家在放开。总体而言，美国在这方面更开放。目前美国的移民情况与1921年通过的根据原国籍实行移民配额制度的法律①有着天壤之别。当年这项法律将移民的数量限制在每年约5.4万人，名额按照原国籍对当时美国人口构成的贡献比例分配给相应国家。这意味着英国获得了最多的名额，其次是其他欧洲国家。（对于拉丁美洲、

---

① 指的是美国1921年移民法案，用于限制美国移民数量。——译注

31

加拿大和加勒比地区的移民，美国采取了不同的法律。)

这种基于种族和原国籍的移民配额制度现在已经被美国国会废除了。其结果是，来自亚洲和一定范围内非洲的移民急剧增加。与 1921 年的配额制度相比，亚洲人和非洲人现在更容易被允许在美国定居。

正如我曾向美国和非洲的听众所指出的，我们可能正在目击自奴隶贸易结束以来，非洲向美洲移民的最重要浪潮。我认为，这甚至可能是有史以来第一次非洲人自愿跨越大西洋向西移民的浪潮。

> 这些移民不会是来自非洲村庄那些无助的俘虏，未经世面而一无所知，恰恰相反，这些人是历史上最具有水平的非洲人。非洲的人才流失自 20 世纪 80 年代开始。这些移民要么是为了逃离反智的独裁统治者并寻求庇护，要么是为了自身寻求经济上或学术上的新机遇。他们的动机与"五月花号"上其他大陆的移民相同。[1]

这些移民可以被称作黑人清教徒[2]，他们逃离了非洲的政治可居住性危机。

自决定逃离乌干达的阿明统治后，我也加入了这一行列，成为所谓人才流失的一分子。

---

[1]　Mazrui, *Political Values and the Educated Class in Africa* (London: Heinemann Educational Books; Berkeley and Los Angeles: University of California Press, 1978), p. 375.

[2]　英国清教徒大规模逃离英国前往美国，是因为他们在英国受到天主教的迫害。——译注

像其他许多移民一样，我们中的很多人对远离家乡抱有一种内疚感。其中有很多人急于向我们的朋友保证，自己在西方的旅居绝对是暂时的。

但是，我们应该抱有罪恶感吗？难道我们不是非洲可居住性矛盾和危机的征兆吗？不管怎样，在支持此种流亡的问题上人们难道无话可说？

我曾试图向我的祖国肯尼亚的一家报纸的周日专栏的读者说明我的流亡缘由，但没有任何一篇我写的文章像这次一样立刻激起了如此大的愤慨。内罗毕《民族日报》的一些读者来信骂声连连，以至于刊登这些信的编辑，不得不为其中一些信的语气向我道歉。

不过，我的观点很明确。长期以来，非洲一直被他者渗透，而没有尝试反渗透。几个世纪以来，我们的大陆被来自外部的旅行者、商贩、奴隶贩子、探险家、传教士、殖民者和教师所侵入。相当长的一段时间里，我们都是被动的接受者，而不是主动的干预者。

我不禁感到，现在是非洲向欧洲和美国派遣传教士、教师、工程师、医生和普通工人的时候了。也许有一天，非洲甚至可以派黑人雇佣兵前去干涉爱尔兰或魁北克的内战。

现在确实是非洲对西方世界进行反渗透的时候了。这一开端已悄然形成。在我的家乡蒙巴萨，西方人改变了我年轻的心灵。这些人包括一位苏格兰文学教师，他是一位身材高大的英国军官，过去在英属印度服役，会一口流利的乌尔都语，在肯尼亚是我的老师。另一位被叫作霍勒伯恩（Hollebone）司令的英国军官经常批评我年轻时衣着色彩艳丽①，使我对自己的穿着感到自卑。还有一位跨国公司的荷兰经理，他试图向我灌输荷兰人的管理方式却未能成功。此外仍有其他各种西方人士，他们改造了一个又一个非洲年轻人的思想。当我试图在密歇根大学或利兹大学，抑或是在瑞典、澳大利亚和加拿大的学童或年轻人面前影响他们的思维时，我是否应该怀有罪恶感？如果西方人长期以来致力于改造我们年轻人的思维和心灵，难道现在不是非洲人扭转这一进程的时候了吗？人才流失仅仅只有坏处吗？还是说它也有积极的方面？

不管怎样，批评坐飞机移民到工业化国家的非洲人，却不批评乘坐小客车移民到非洲邻国从事普通工作者的行为，有时可能是一种傲慢。正是这种敞篷小客车，带着那群力求改善经济命运的普通同胞四处奔波，有的同胞从坦桑尼亚移居到肯尼亚，有的从上沃尔特②移居到科特迪瓦。这些兄弟姐妹往往买不起去欧洲或美国的机票，只能选择乘坐能买得起票的拥挤公交或是当地称作"马他突"③的小车。乘坐飞机去各国被称为人才流失，那么，乘坐小巴车去邻国也是人才流失的一种，只批评坐飞机的人而不批评搭小巴车迁移的劳动力人群，是一种反向的傲慢。至少可以说，采取任何双重标准来评价二者，都是对乘坐小巴车人群居高临下的

①　肯尼亚传统服饰色彩较为艳丽。——译注
②　该国 1984 年改名为布基纳法索。——译注
③　Matatu 为斯瓦希里语，是肯尼亚城市内使用最广泛的、拥有固定线路的私营交通工具。车上有司机和售票员，只有在乘客接近满员之后才会启动。类似于 2000 年前后中国城市里的小巴车。——译注

表现。

当布隆迪发生暴行，或是安哥拉发生内战时，农民有权利逃往邻国。这仍然属于非洲可居住性危机的框架范围。知识分子在自己的社会出现暴政问题时，也同样应该被赋予逃离的权利。农民和工人可以为了工作跨边界迁移，知识分子有机会应该跨洲移民以改善他们的命运。

然而，说到底，人总归还是想尽办法留在自己的国家。这个理由可以建立在忠诚与为国家效力方面。但是，这一责任的重担不能仅仅压在这些想要离开的人肩上。每个非洲国家也必须公平待人，为公民提供一个更健全自由的机制，为公民提供机遇。只有这方面的条件得到改善，非洲才能从数量上和规模上减少属于我们时代的第二次班图大迁移。

非洲人选择移民的原因有很多。很多人是出于政治因素，更多的人是因为经济因素，但有时候也存在经典的冒险主义精神，这种精神曾促使欧洲人横跨世界。正是在这种精神下，他们探索新世界，征服新领域。欧洲和西方世界拥有这种精神已有约五百年的历史。这种精神造就了克里斯托弗·哥伦布和大卫·利文斯顿。在它的号召下出现了攀登山顶之人，探索南极之人，发明新机器之人，以及近期出现的美苏乘坐火箭之人。

从另一个角度来看，我们非洲人的祖先，也就是早期的班图人和尼罗特人，背井离乡穿越整个大陆选择定居点时，也是被其好奇心和冒险精神所驱使。当下非洲人的流动并没有止步于海岸线，相反的是，有很多非洲人将步伐延伸至海的另一边。在这些留在海外的非洲人中，有的人是作为奴隶被送往巴西、美国或是加勒比地区；有的人则是为了寻找新的机遇，或追求更大的自由，自愿远走大陆彼岸。套用一首颇具影响力的英国爱国主义诗词：

> 问世界之风予我回应，
> 其呼来呼去却不答疑。
> 世间几人应知晓非洲，
> 非洲又几人知晓自己？[①]

那么，那些居住在非洲大陆的非非洲人呢？他们的未来又是怎样的一番景象？

在非洲大陆不同的地区，答案也千差万别。至少肯尼亚的城区成功维持了一个多种族的社会。但另一方面，乌干达的伊迪·阿明直接无情驱逐了数以千计的亚洲人，间接使得非非洲人和乌干达人一样，在国内的处境都越来越艰难。

不过，关于非洲人与非非洲人共处的终极问题，在变数不断的南部非洲终会得到体现。南部非洲的白人是否会真的留在那里？如果他们继续斗争以确保能够留下，又会进行哪种程度的自卫？与这十年及之后南非共和国发生的火并相比，津巴布韦发生的战争是否仅能算作周日的餐后消遣？

首先我们要清楚一个事实，到目前为止，非洲还没有一

---

① 这首诗改编自英国诗人鲁迪亚德·吉卜林 1891 年的诗歌《英国旗》(The English Flag)。原诗后两句为："什么仅是英国人知晓的自己，是街头的蒸汽、烟雾和吹嘘。"这首诗的本意是表达英国国旗不会飘落，白人注定优越而应该去征服有色人种，进而公开进行军国主义宣传。马兹鲁伊在其多部著作中引用过他的诗并进行批判。——译注

个有效控制当地局势的白人定居地，是不使用暴力就放弃权力的。每一个白人作为少数群体却有效掌控政局的非洲国家，在身为多数者的黑人进行统治之前，都会出现一段军事上的对抗。这包括我的祖国肯尼亚，在定居者权力未被打破时，它不得不经历了 1952 年到 1960 年的茅茅起义。1954年到 1962 年的阿尔及利亚战争是对当地白人统治的又一次震惊世界的挑战，这些白人定居者曾一度受到巴黎方面的支持。安哥拉和莫桑比克发生的事情大同小异。现在我们又有了津巴布韦战争所带来的痛苦。

在那些没有大量白人定居者掌控的地方，欧洲殖民者当然更容易撤出。像加纳、尼日利亚和乌干达这样的国家，并不需要一场解放战争来说服英国撤军。但如果没有非洲人使用枪杆子，阿尔及利亚、肯尼亚和旧罗得西亚就永远不会实现非洲人作为多数群体的统治。

这就意味着白人控制的最后一个堡垒——南非共和国，在未来几年将不得不经历类似的挑战。南非的革命最终落脚点必然在内部，因为黑人越来越激进，他们的组织和战斗能力都在提升。我的设想大概如下：在国际社会压力的驱使下，南非将越来越使其制度自由化，时好时坏，曲折前进。但是，正是由于这种自由化，反对派将会更灵活地发展自身。随着时间推移，反对派通过激进且纪律严明的组织武装反抗白人政权。

白人当局建立的黑人家园或是班图斯坦制度①，可能会

---

① 班图斯坦制度又称作黑人家园制度，是自 20 世纪 40 年代开始，南非白人统治集团为推行种族隔离政策，对南非班图人实行政治上彻底分离的制度，其实质是形成白人南非的"内部殖民地"。——译注

导致该地区借由安全问题而不得不被白人重新殖民，因为白人居住区内的破坏行为在增加，而黑人居住地在一定程度上成为游击队的临时庇护所。

南非的邻国诸如莫桑比克和津巴布韦的黑人统治地，不管是否主动成为南非游击队的根据地，都不得不做好面对南非像以色列一样报复的准备。南非的邻国会变成南部非洲的黎巴嫩：一方面，不自觉地成为解放战士和游击队的根据地；另一方面，需要承担边境以南报复行为带来的痛苦。

事实上，面对被孤立且腹背受敌的困境，南非和以色列建立了密切的联系。双方协商的内容包括遏制反叛的问题。以色列在遏制巴勒斯坦对其自身安全的威胁上卓有成效。南非的白人当局对以色列的经验极有兴趣。

但从可居住性危机这个主题来看，更不利的是据说以色列和南非就核研究领域的合作进行了磋商。南非拥有铀和发展核能力的部分相关技术，以色列则或多或少可以补充完善该项技术。关于这两个国际社会弃民之间的核合作的报道，不仅使非洲人感到震惊，也使以色列的很多朋友感到惊愕。当以色列的技术专长与南非的财力及铀资源结成联盟，是否会使这两个国家都成为有核能力的国家？

我本人并不像其他很多非洲同胞一样关心南非的军事核能力。因为我相信，核能力对以色列的用处比对南非维持种族隔离的用处更大。以色列的敌人在外部，是激进的阿拉伯国家和坚定的巴勒斯坦人。然而，种族隔离制度最大的对手在南非内部，主要由潜在的黑人好战分子和激进分子组成。可以想象的是，以色列可以对外使用核武器，但南非种族隔离制度的设计者却很难对索韦托的骚乱群众进行核毁灭。即使他们决定对反叛分子阵营，如班图斯坦制度下的人使用战术核武器，这样近距离的核污染也很快会让白人自己寻找遥远的地方作为庇护。在南非一定范围内采用核打击是难以想象的，因为这恰恰导致种族隔离制度最不想要的结果，白人不得不大规模迁移到安全且干净的地区。

那么，白人是离开南非还是成为誓死而战的阿非利卡人？

私以为，阿非利卡人的浪漫主义非常愚蠢。这可以追溯到布尔战争，甚至可以追溯到他们自豪地跋涉到南部非洲腹地。我同意阿非利卡人的损失大于讲英语的南非白人的说法，但我并不认同他们绝大多数宁死不去其他地方寻找庇护的做法。任何社会、种族、国家内的大多数人，在涉及生死问题时都很务实。阿非利卡人在一段时间内战斗、杀戮、牺牲。但代价过于大的时候，大批人会流亡。

我从不相信一个又一个非洲民族主义政党间散播的言论，即阿非利卡人或说荷兰语的南非白人无处可去。如果南非发生革命，阿非利卡白人寻求庇护，我毫不犹豫地认为许多西方国家的大门为其敞开。我无法想象西方世界会为逃离黑人的白人紧闭国门。阿非利卡人会和讲英语的南非人一样有机会进入西方。

荷兰可能会暂时与其南非的子女们在政治上和道义上保持距离。但是，当种族主义的筹码最终用完，讲荷兰语的白人要逃离黑人革命者时，荷兰会打开国门。部分原因出于血亲关系，还有部分原因在于其人道主义传统。这个允许数以千计印度尼西亚人和苏里南人涌入其狭小空间的国度，不太可能在接纳因安全问题而逃亡的亲属时退缩。

但无论如何，其他西方国家也一定会打开国门，许多阿非利卡人最终会各奔东西，相隔一方，从北美的纽约到澳大利亚的墨尔本，从曼彻斯特到里约热内卢。

在那时，非洲的可居住性危机会威胁到剩下的白人征服者。他们中绝大多数人会在其他地方寻找更合适的居所。

然而，我并不期望南非不再是一个多种族社会。革命到来时，白人总数的三分之一甚至一半可能会离开，但有一两百万人会留下与黑人达成替代协议，并试图重建一个更公平的社会。随后，其他白人重新回来，即使身份已转变为商人或是其他类型的暂住者。可以想象的是，到 20 世纪末的时候，南非境内的白人与黑人的比例将相对持平，而权力实则已掌控在占据多数的黑人手中。不过，有一半的白人并不是之前那些人。举例来说，当下肯尼亚的白人数量比黑人掌权前要多，但曾经那种白人定居者类型的比例却急剧下降。

总而言之，很多白人可能会认为南部非洲地区是真正适合居住的地方，尽管在 20 世纪剩下的 20 年里，其政治力量必然发生变化，但他们仍然乐意居住于此。

我们将在之后的讲座中对这些问题再次进行讨论。很明显，解决非洲可居住性危机的长期目标在于非洲逐步获得两种能力：自我安定能力与独立发展能力。自我安定能力将涉及非洲国家过度掌控其政治和社会的行为，致使从暴政到腐败，从国家间边界战争到对妇女的剥削。我们随后再来探讨这个问题。

独立发展能力包括根据现有手段确定目标，并以此为基础尽可能独立自主地实现该目标。对外界的过度依赖是帝国主义残留的部分顽疾，非洲应该寻求扭转这一颓势的方法。

伊甸园日渐破败。但大部分的自然秀景仍在，有的地方草木繁盛，有的地方崎岖险峻。白尼罗河在乌干达月亮山①的映衬下，由维多利亚湖奔流至地中海。粗犷的非洲稀树草原蜿蜒数千里。维多利亚湖的瀑布奔腾而下，绵绵不绝。撒哈拉与卡拉哈里②的沙丘诉说着广漠与雄浑。是的，人类最初的家园仍然秀美——但原罪的痕迹依然清晰。**你往何处去?③**

---

① 即鲁文佐里山，赤道附近的著名山脉，被称为"赤道雪山"。——译注

② 卡拉哈里沙漠，位于非洲南部内陆地区。——译注

③ 这一句为拉丁语"Quo vadis"，马兹鲁伊借用了波兰文学家亨利克·显克微支的著作《你往何处去》。该书取材于《圣经·新约》，书中谈到彼得问遭受罗马城尼禄迫害却仍不离开的基督："主啊，你往何处去?"基督回答："你既然遗弃了我的人民，我便要到罗马去，让他们第二次把我钉在十字架上。"——译注

第二讲

屈辱的十字架

我们在这一讲中关注的是种族屈辱的本质。

作为一名非洲人，我在不同的国家，在人生的不同阶段，以不同的形式，亲身经历了种族方面的屈辱。毕竟，我确实生长在以白人为主导的昔日殖民地肯尼亚，在日复一日的现实生活中体会到了殖民地社会的种族隔离。

但我想分享的一二则小事，是我作为一个英国女人丈夫的经历。这并非直面种族本质，却反映了社会一般风气。

第一件事是 1965 年初我和妻子莫莉第一次到美国，我们的问题是在美国感到无所适从。不久之前，我们在国外的报纸上看到美国关于"异族通婚"的讨论。早在 20 世纪 60 年代，美国近一半的州出台法律禁止不同种族通婚或其他形式的跨种族交媾。在 1963 年，美国最高法院并没有对禁止混血婚姻的法律是否符合宪法的问题作出明确裁决。

1965 年我们在芝加矶，去洛杉矶的路上要经过一些州，我的妻子和我都对"异族通婚"的最新进展没有绝对把握，也不确定我们经过的 22 到 23 个州中是否存在任何反对异族通婚法律的地方。如果我们真的经过这些州，在汽车旅馆歇脚过夜时，经理会不会因为我们是不同种族通婚或是与"混血的贾马尔"① 同行而强行拒绝我们投宿。

每当路过汽车旅馆需要过夜的时候，这个问题都悬在我们心头。事实上，从芝加哥到洛杉矶一路没有发生任何事情。我们在酒店住宿时没有遭到任何的质疑和敌意，但每走到一个旅店前台要求过夜住宿时，我都会因为有可能遇到尴尬情况而紧张到握紧拳头。

由于该国默许反对种族通婚的法律一直持续到 20 世纪60 年代初，国内每一对种族通婚的夫妇在旅行时，都背负着不确定的十字架。

20 世纪 70 年代，我们再次来到美国。尽管最高法院最终对种族通婚法作出明确答复②，60 年代的阴霾已开始消散，但是否仍有残存的种族主义在等待旅行者甚至当地人？

另一次类似的事情发生在 1973 年，我们开车从斯坦福大学到西雅图的华盛顿大学。我的妻子是我们家的司机，那天我们大概走了 300 到 400 英里。后座的孩子们越来越烦躁，莫莉也很累。我们决定，如果可能的话，在下一个汽车旅馆停车过夜。汽车旅馆的招牌亮着，上面清清楚楚地写着"有空房"。我们停车寻求一家人住宿，但管理员遗憾地表示，他们没有合适的房间。我们争辩说，外边招牌上清楚写着有空房。经理说，只有一间没什么家具且很小的房间，不足以容纳一家子人。我们要求去看看。那间房子很小也很

---

① 贾马尔（Jamal）是美国常见的非裔美国人的名字。马兹鲁伊这里是暗指自己会被认作非裔美国人。——译注

② 1967 年 6 月 12 日，美国最高法院废除了弗吉尼亚州的一项法令，认定不允许种族通婚的法律违宪。这项裁决同时推翻了美国其他15 个州反对异族通婚的法律。——译注

旧，估计通常不会用作客房。由于家人都很疲惫，我决定先在这个房间住下凑合一晚。几分钟之后，我从窗口留意到，旅馆的招牌上仍然写着"有空房"。就在这时，一辆车驶入。我以为车内的人会被告知，牌子显示错误，它本应被关掉。但随后我发现，这批新客人被安排进了客房。那种冰冷的愤怒感，那种当一个人被轻视和羞辱时的神经性抽搐，打破了我曾一直拥有的安逸感。我向莫莉指出了这种差别对待，声音不自觉地提高。当我再次穿上衣服准备出去和管理员对质时，他们已做好准备。他们清楚地知道，在20世纪70年代的美国，如果他们毫不犹豫地公然实行种族歧视，其执照就有可能被吊销。所以他们讲述来龙去脉，说有人刚刚取消之前的预订，这就是为什么他们没有把"有空房"的灯关掉，且为什么他们会正好有一套又大又舒服的客房供新来的白人使用。我要求知道为什么不给我们优先选择权，因为他们知道我们有四个人，挤在一个不能称之为客房的房间。他们表示非常抱歉，通过搬来一台电视、多加几个枕头的方式尽力改善房间质量。总之，一旦被发现对种族通婚家庭不友好，他们就会变得非常客气。

在这两则往事中，我们看到的并非直接的种族主义伤害，而是当一个社会有种族主义和歧视传统时的那种最不易察觉的不确定感。像我这样的家庭似乎注定会经常遇到这种事情，偶尔是公开的，更多则是一种微妙的情形。

不过，最令人气愤的当属一个人对自己是否受到种族羞辱的不确定性。当我妻子去密歇根州的一家银行兑现支票时，没有人要求她出示身份证明，而我却总是被要求证明自己的身份。我不知道这种差别对待是种族性的，还是仅仅因为她昨天见到的银行职员和第二天要求我提供证明材料的银行职员并非同一个人。

当我在希思罗机场通关时，很多白人说"没有东西申报"，他们没有一个人被拦住，但我这么说的时候却被拦了下来。那我是否能确认这种情况是我今天运气不好，还是说海关人员在选择搜查哪些箱子时受到我不是白人这一事实的影响？我勉强认为，很多时候种族问题并非相关因素。银行职员信任我的妻子，可能是因为她的支票额度通常较小，而我碰到的银行职员比较谨慎，则可能是受到我想要提取数额较大的钱影响。

我在欧洲机场被搜身的经历，可能与我是黑人这一事实没有任何联系。从概率上说，大概99%为非种族因素，但我痛恨不得不怀疑那1%可能确实是种族偏见。这不一定是海关人员的错，这是我们黑人历史的产物。

我经常在想，当一个犹太人在希思罗机场被海关人员挑出来搜查时，他是否也会对被选中的原因产生类似的困惑。如果从没有犹太人这么想过，那就再一次说明我们这次讲座中谈到的一个基本悖论，即非洲人不一定是受残害最严重的，但他们很大程度上是现代历史中受屈辱最深的民族。我对自己作为一个人的尊严产生些许怀疑有着深刻的历史根源，这可以追溯至奴隶贸易及之后发生的事情。黑人仍然是最受蔑视的人，尽管他们不一定是遭受暴力最严重的一群人。

在这种情况下，我所谓的残暴指的是肉体上严重的摧残。我并非意指非洲人未曾遭受过这种肉体上的伤害，仅仅是在社会与心理上蒙受着辱。我想说的是，就纯粹的肉体痛苦而言，其他人的遭遇更为惨烈。例如，纳粹屠杀下的犹太人所遭受的残忍折磨就当列为其中。这批人中有600万人在有史以来最冷漠、最有预谋且最为高效的种族灭绝行动中丧生。非洲人曾经被抓捕，作为奴隶被投入市场。奴隶贸易使这些受害者非人化，但没有丧失价值。相反，每个受害者被赋予了一个商品价格。这些男男女女失去了做人的尊严，却获得了市场价值。

但另一边，纳粹追捕犹太人只是为了将其杀害。在这层意义上，他们不仅被非人化，而且沦为毫无价值的东西。

奴隶市场上的黑人是为了用于在种植园从事生产；集中营里的犹太人往往是为了送到毒气室使之消亡。被贩卖至美洲的黑人是为了帮助建立一个新文明，纳粹统治下被毁灭的犹太人则被认为是旧文明的缺陷。男人、女人甚至孩童死于最令人唾弃且最残酷的欧洲种族主义。黑人并没有遭受类似的极端种族主义迫害。

在近代早期的北美，可以说，印第安人或曰美洲本土人比外来黑人遭受到了更大的暴行。纵观历史，印第安人被广泛视作需要消灭的害虫，阻碍了外来文明的成功和繁荣。因此，对印第安人的战争和追杀成为一种正义。如果说纳粹犯了集中式的种族灭绝罪，那么进入北美的白人移民往往犯了分散式的种族灭绝罪。成千上万的印第安人在白人移民征服荒野的过程中死去。另一方面，白人把他们带来的黑人视为宝贵的劳动力来源。黑人不是要被消灭的害虫，而是要被剥削的廉价劳工。印第安人与黑人都被非人化，但其中印第安人被视为毫无价值。

澳大利亚原住民也遭到了种族灭绝性的待遇。这在一定程度上也是一种分散式的种族灭绝，部分原因是随白人到来而出现的新疾病无意中导致当地人在疾病中倒下。在澳大利亚的种族灭绝行动中，最为蓄意的也许是对塔斯马尼亚原住民的灭绝，白人在这次灭绝行动中不留一人。[①]

亚洲也有其特别残暴的案例。第二次世界大战之后，法国和美国在中南半岛发动的殖民战争与帝国主义战争，在非洲并无类似情况。几十年来，中南半岛在战争中的伤亡人数高达数百万人。

我们不能忘记广岛和长崎的受难者，他们是核弹暴虐下的第一批受害者。迄今为止，也仅此一例。

简而言之，以肉体受害为定义的痛苦并不是黑人所独有的经历，而且黑人世界之外有更恶劣之处。

然而，遭受摧残是一回事，屈辱是另一回事。羞辱是社会与心理上恶化的表现形式。它有时会被视为等同于货物和财产；确实保留价值，但与农场里的猪或牧场里的牛无异。

羞辱的形式还包括被系统性地分开以保持距离，被视为潜在的社会垃圾。印度等地的种姓制度和南非或美国南方各州的种族隔离制度，都是对"低等"种姓或"低等"种族进行制度化羞辱的案例。这种种姓或种族制度使之在文化上被低估，在社会上被隔离，在心理上被贬低。

[①] 澳大利亚白人殖民者猎杀塔斯马尼亚人，导致塔斯马尼亚人于1876年灭绝。——译注

正是在这层含义中，非洲人和具有非洲血统的人可能是现代历史上遭受羞辱最多的人。

在这方面特别重要的是三个内在关联的羞辱模式：奴隶贸易，欧洲对非洲的殖民活动，黑人与白人共处时持续不断的种族歧视。

17 世纪标志着跨大西洋奴隶贸易开始进一步升级。到 16 世纪末，50 多万来自西非的黑人奴隶到达另一个大陆。这个数字在接下来的一个世纪翻了 6 倍。到 18 世纪，这一数字达到顶峰，超过 600 万的非洲人被运往海外。这一时期，近半数的奴隶被英国的船只装载运往美洲。[1]

英国在奴隶贸易中占据的份额，首先侧面反映了在欧洲国家中，英国在海洋和商业活动上的优势。其次，奴隶贸易的份额也与英国进入新世界的市场有关，特别是北美及加勒比海地区。第三，英国在奴隶贸易中的优势，是因为英国控制的西非地区（特别是加纳和尼日尔三角洲之间的海岸）是人口最密集、经济最发达的地方。这些地区有着更多身体健全的非洲人，漂洋过海供万恶的市场所用。

就这份屈辱而言，问题是为什么是非洲而不是世界上其他地方的人被掠作奴隶。例如，在美洲，为什么白人不系统化地征用当地被征服的印第安人作为奴隶劳工，而要千里迢迢引进黑人？事实上，殖民者确曾有利用印第安人做奴隶的努力，特别是在西属美洲。但这些努力大抵是不成功的。由

---

[1] For a brief statement on the subject consult Ronald Oliver and J. D. Fage, *A Short History of Africa* (Harmondsworth, Middlesex: Penguin Books), 1975 edn, p. 122.

于各种原因，印第安人并不是好的奴隶。

首先，大多数印第安人社会仍然是狩猎采集社会，而抵达的西非人则有定居耕作的传统。后者的生活方式更适合种植园劳作。

第二，事实证明，接近白人从而感染传染病的危险对印第安人来说更大。黑人在生理结构中有着更好的保护机制，与白人家庭比邻而居时，其生存情况要好于印第安人。

第三，印第安人是在自己的领域，在相对熟悉的地形上被俘。逃离种植园和白人主子的掌控较为容易。因此，设计一套保障机制以确保奴隶不逃跑的成本更高。另一方面，经历多日海上风浪的外来非洲人离家数千英里，对这些非洲人而言，逃离奴役进入荒野要比印第安人困难得多。

白人对美洲的殖民伴随着对这些地区印第安文明的极端漠视。在美洲的一些地方，对印第安人的苛刻对待还包括迫使他们做一些力所不及的工作。

然而，一些基督教传教士开始坚定捍卫印第安人的权益。对印第安人的迫害与对黑人的羞辱开始出现区分。最著名的便是拉斯·卡萨斯①案例，他向西班牙君主费尔南多和伊莎贝拉②呼吁，要求他们进行干预，为印第安人伸张正义。一方是那些把印第安人视为必须为白人服务的劣等民族的人，另一方是那些像拉斯·卡萨斯一样由征服而产生痛苦

---

① 16世纪的传教士、神学家巴托洛梅·德·拉斯·卡萨斯，是第一个反对西班牙殖民主义在美洲奴役和压迫印第安人的人。——译注
② 1474年伊莎贝拉一世继承卡斯蒂利亚王位后，宣布其丈夫费尔南多二世为她的共同在位者。1479年费尔南多二世继承阿拉贡王位，伊比利亚半岛在8世纪之后第一次出现统一的政治实体。——译注

的人，双方由此展开辩论。

最后，双方达成了近乎妥协的结果。拉斯·卡萨斯非常同情印第安人，于是他鼓励将非洲人运往西属美洲。其论证有些像亚里士多德式逻辑①：既然印第安人在被奴役时这么容易死亡，那么万能的上帝就没有打算让他们成为奴隶；既然黑人没有在奴役中死亡，那么他们一定是天生的奴隶。结论呼之即出。黑人的屈辱得到了亚里士多德的逻辑和《圣经》的支持。

但是，为什么欧洲人不从北非虏获阿拉伯人和柏柏尔人做奴隶？为什么他们不费尽周折从印度输入印度奴隶？为什么他们要单单挑选非洲人作为被奴役者？

第一个原因很简单，源于地理位置。加勒比海地区、北美洲或南美洲都需要引进奴隶，西非的距离要比印度次大陆近得多。实际上，此后南亚人也作为契约工人被诱导从事劳役，但从未像非洲人那样沦为彻底的奴隶。

欧洲人认为非洲人更适合被奴役的第二个原因是欧非文明之间在文化上的差异性。在欧洲人看来，非洲人是如此的"原始"，以至于让人认为他们适合承担卑贱事务，这其中包括做奴隶。

第三个原因，白人奴隶主与黑人奴隶之间存在种族差异。欧洲人按照肤色称自己为白人，称非洲人为黑人，这种说法本身就强调颜色光谱上的两种极端，即肤色与种族的两

---

① 亚里士多德式逻辑一直是逻辑学的标准，即演绎论证，其形式为所谓的"三段论"，分为大前提、小前提和结论。——译注

极对立。因此，欧洲人更容易将那些在文化和肤色上与之差距甚远的人进行非人化，并着手对其奴役。

非洲人被视为羞辱对象的第四个原因在于他们军事上的羸弱。非洲人使用长矛和弓箭参与战争的方式是无法与新型火器相提并论的。另一方面，欧洲人有时用枪支换取奴隶，或用枪支奖励给一帮非洲人，以便让他们继续为奴隶市场抓捕其他非洲人。

但这种情况在 18 世纪末 19 世纪初时发生了变化。曾是头号奴隶贸易国的英国，成为废奴主义的先锋队。英国船只在公海上航行，控制或阻挠奴隶贸易和走私。

这是西方资本主义在与非洲的历史互动中所具有的一个特点。在资本主义发展初期，奴隶制被视为一种资产，需要大力发展与推广。但在 18 世纪末和 19 世纪的历史进程中，资本主义非但没有对奴隶制和奴隶贸易抱有热情，反而变得对它充满敌意。废奴主义的呼吁者同样是资本主义头号国家。英国在当时正是这样一个大国。而在美国，北方在资本主义方面的发展远超南方各州。北方是废奴主义者，南方是蓄奴者。

为什么发展完善的资本主义会对奴隶制更加敌视，并决心将非洲从中拯救出来？

原因有多个方面。其中包括技术和发展完善的资本主义已经进入一个奴隶劳役效率低于工资劳工的阶段。奴隶是终身制的，而工资劳工往往是星期制。一个生病的工人可以被解雇，并在几乎没有成本的情况下被替换，但卖掉一个奴隶的最差时机却是其生病的时候。

拥有奴隶就意味着要对奴隶本人家庭中的非生产性成员承担部分责任，这包括小孩和老人。但是，工人可以被最低工资雇佣，而不需要考虑这是否足以满足工人的养家需求。

　　此外，当时资本主义倾向于雇佣劳动而反对奴隶劳动的另一个原因，单纯是因为宗主国自身城市化发展加速，结果产生大量廉价劳动力。人们不必漂洋过海或忍受西非的疾病来获取廉价劳动力，这些廉价劳动力在离曼彻斯特或费城不远的地方就可以找到。

　　不过，在英国充当历史上废奴主义先锋队的同时，它也在建立史上最大的帝国。到 19 世纪，英国资本主义确实对奴隶制充满敌意，但它也变得对帝国主义更有兴趣。在非洲，米字旗很快就从西部的尼日尔三角洲飘扬到东非的尼罗河源头，从北非的开罗飘扬到南非的好望角。另一种形式的屈辱悄然出现。诚然，被殖民化作为一种屈辱远非非洲所独有，但却绝没有一块大陆像非洲一样近乎被彻底地殖民。

　　1884 年，俾斯麦提议召开柏林会议。共 15 个西方国家在会上商讨谋划瓜分非洲的准则。在争夺非洲的过程中，有时会出现划分新殖民地时吞并其他欧洲竞争者管辖区的风险。柏林会议旨在拟定一项预防措施，在大国瓜分非洲过程中，减少欧洲列强间的冲突。

　　再往后，英国作家乔治·奥威尔把 1984 年变成了末日的象征，一个令人窒息的反乌托邦。但对于非洲而言，末日的象征是 "1884" 而不是 "1984"。柏林会议于 1884 年召开时，至少在下个百年里非洲惨痛的命运就已成定局。非洲被欧洲渗透和殖民的噩梦正式拉开序幕。

欧洲人对非洲各怀鬼胎。有些人对新的原材料感兴趣；一旦开发出非洲人的需求并形成购买力，欧洲的商品便有了新的潜在市场；无论非洲某些地区是否存在可居住性危机，欧洲的剩余人口都有了新出路；非洲成为欧洲资本高风险高回报的投资下，一个极具挑战性的冒险地；所有非洲的瀑布都是潜在的新能源，非洲还有煤炭、铀和石油；对基督教而言又有新的灵魂可以救赎皈依。总而言之，非洲是欧洲尚待征服的新世界。

欧洲殖民者中，法国占据了非洲西部和赤道地区；比利时控制着扎伊尔以及后来的卢旺达和布隆迪；葡萄牙在安哥拉、莫桑比克和几内亚比绍组建帝国；意大利不仅控制了利比亚，还控制了索马里，并短时间内占据了埃塞俄比亚；西班牙拥有西撒哈拉①这一个小小的帝国；德国在第一次世界大战之前也拥有一个非洲帝国，其范围包括现在的坦桑尼亚大陆地区、喀麦隆、多哥和纳米比亚。

但到目前来说，非洲最大的帝国还是英属非洲。仅尼日利亚一国的人口就比所有法属非洲国家加起来还要多。直到1910年之前，英国还有效地统治着南非，即使在当时，南非也是最富有、最发达的非洲国家。

然而，南非却为非洲带来了继奴隶贸易和殖民化之后的第三种屈辱：制度化的种族主义和种族隔离。从很多方面来

---

① 西撒哈拉原为西班牙的"保护地"，1958年改为西班牙的海外省，1976年西撒哈拉人民解放阵线在阿尔及利亚、摩洛哥和毛里塔尼亚的支持下宣布成立"阿拉伯撒哈拉民主共和国"。但是，摩洛哥认为西撒哈拉应属于自己的领土。中国政府目前尚未承认阿拉伯撒哈拉民主共和国。——译注

看，南非的现象是其中最为屈辱的。毕竟，奴隶贸易是一种突袭行为，奴隶主抓了人就很快把他们绑起来运到国外。殖民化是欧洲技术和军事优势下发生在世界很多地方的事情。但是，非洲最深的屈辱就在本土，这是现代社会中仅存的非洲制度化屈辱的堡垒。[①]

我在这里从一个可能日后对大家有启发的个人轶事开始讲起。几年前，当我还在乌干达的马凯雷雷大学任教时，我收到了去南非开普敦大学讲课的邀请。无论是过去还是现在，我都将一直支持非洲国家在外交上孤立南非的努力。我将在后续更全面地论述我对抵制南非政策的立场，但简言之，我不认同在学术上孤立南非，阻止思想和知识进入南非的做法。当时出现的问题是，我如果应邀，则违反了对南非的外交抵制政策，或者被视为对种族主义社会进行思想启蒙。在我做出决定之前，我知道自己的底线如下：第一，如果我真的去了，我应能够向各种族的听众发言；第二，我应能自由地说出我想说的话；第三，我可以被允许与我的妻子一同前往。我之所以有第三个条件，是因为我想试探南非种族隔离制度的敏感性。我把这些条件传达给开普敦大学。他们回复表明保证满足我的第一个条件，即向各种族听众讲话。他们还准备在我的第二个条件上努力一下，即我能自由地说我想说的话。但是，恰恰在大多数文明社会中被视为理所应当的条件却不可能被满足，即如果可以的话，我希望带妻子一同前往。开普敦大学负责这件事的人在咨询了他们的

① 原著完成时南非种族隔离制度尚未结束。——译注

律师后被明确告知，我和我的英国妻子一同前往南非是不可能的，否则南非会以《不道德法》和禁止"异族"通婚的法律①对我提出起诉。

几年后，我在伦敦举行的皇家英联邦协会与英国皇家非洲学会联合举办的联席会议讲座中提及此事。我的讲座题目是非洲的学术自由。我认为，在某些情况下，一个社会的学术自由会因为其他的不自由而受到影响。跨越种族界限的交媾自由，乍一看与学术生活无关。然而，开普敦大学的学术自由却因为整个社会禁止跨种族交媾和跨种族婚姻的法律蒙受损失。

我的演讲发表在此次联席会议两个组织的期刊上。随后，我收到了南非总理办公室的一封信。总理向秘书授意让我知道，开普敦大学传递的信息是错误的。总理坚持认为，有关法律对我应不适用。事后，开普敦大学的副校长因误导外国学者而遭到公开谴责。实际上，总理沃斯特②先生向我保证禁止跨种族交媾的法律不适用于我，大概是当时促进南非人与其他地方非洲人之间对话战略的一部分。

总理办公室的信可以被解释成一份邀请，这样就可以为莫莉和我一起办理签证。但我个人对访问一个有些人跨种族婚姻可以不适用于法律、有些人则不行的国家持强烈的保留

---

① 南非 1949 年通过《禁止通婚法》，严禁不同种族之间通婚；1950 年通过《不道德法》，严禁白人与其他种族的人发生性关系。——译注

② 巴尔萨泽·约翰内斯·沃斯特（Balthazar Johannes Vorster，1915—1983），南非政治家。1966 年到 1978 年为南非总理，执政期间全面推行种族隔离政策。——译注

态度。不管怎样，当乌干达总统伊迪·阿明想把我和其他几个人派往南非的时候我有所退却。阿明说，他精心挑选我们，有一部分原因是可以向南非种族主义者证明非洲人是可以思考的。我不想以这种方式当作会思考的样本，我也不相信南非政府所解释的话是真诚或是有意义的。我向阿明将军提出检验沃斯特总理诚意的方法。此前，我们一些非洲人曾在南非学习。我在马凯雷雷大学的领导卢莱①校长年轻时曾在南非学习。（伊迪·阿明倒台后，卢莱成为继任的第一位总统。）我在马凯雷雷大学时卢莱的领导、教育部部长卢伊姆巴兹-扎克也曾在南非学习。沃斯特"对话"概念是否包括扭转教育的方向，以便让南非年轻人可以在非洲其他地方的黑人大学里学习，而不会再受到南非当局的骚扰或将其视为难民呢？沃斯特会允许非洲青年跨越国界自由地交流吗？用我在 1971 年 10 月给阿明信中的一段话来说：

> 问题不是非洲人是否准备去南非，而是在于南非政府是否准备为南非年轻人到非洲黑人国家旅行提供方便……阁下，我的建议是，我们应该把关于双方对话问题的争议从政府首脑之间的交往，向下延伸至大学生与年轻人之间温和的交流。此外，我们应该以这种方式检验南非的诚意，坚决把球踢给南非的法庭。

---

① 优素福·卢莱（Yusuf Kironde Lule，1912—1985），乌干达政治家。1979 年 4 月 13 日到 6 月 20 日曾出任过渡总统，在乌坦战争中协助坦桑尼亚军队推翻伊迪·阿明。——译注

当我提出这个建议后，我在合适的时候联系了阿明。他说，在这周结束之前，我会得到消息。我确实得到了消息：他为南非年轻人到马凯雷雷大学提供了 10 个名额的奖学金资助，并为纳米比亚人额外增加了 5 个名额。

我对年轻人作为未来非洲新秩序斗争的先锋队抱有信心，这在南非和随后莱索托，以及阿明治下的乌干达——许多年轻人在解放军前往坎帕拉的途中加入军队[①]——都得到了证明。1971 年，我只是试图说服阿明促进非洲年轻人之间接触的进程，而不是与约翰内斯·沃斯特等人举行仪式性的首脑会议。

我想我可以说，我在把阿明从与南非种族主义者合作的道路上拉回来的过程中，还是起到了一定作用。阿明的政策和观点鲜有像他转而激进地反对种族隔离制度那样长久。很多年前的一天，阿明总统在马凯雷雷大学一个拥挤的大会堂里，公开交予我一份他刚刚收到的来自南非总理的电报。大会堂（马凯雷雷大学的主会堂）里的听众并不知道电报的内容，但阿明决定就南非问题公开向我咨询。只不过，他从我这里得到的建议只会让他远离本想联系的南非种族主义者。在南非国内白人和黑人之间完全对话开始之前，南非白人和非洲黑人之间的外在对话并无太多意义。对非洲最严重的羞辱仍然是这两个群体之间持续的距离感，这种距离感是由这个令人窒息的社会所精心设计的种族歧视和种族隔离制度造

---

①　这里马兹鲁伊指的是，乌干达年轻人加入坦桑尼亚解放军进攻乌干达首都坎帕拉的事情。——译注

成的。

产生该问题的原因一部分归于全球化的资本主义世界。我们在前面提到，西方工业资本主义在19世纪时已对奴隶制产生了敌意，但它同时又对帝国主义和殖民主义产生了兴趣。英国带头解放黑人奴隶，但也正是英国对非洲的黑人国家进行殖民。

南非的制度是奴隶制和殖民化的混合体。种族隔离制度与奴隶制一样，都基于对种姓制度世袭的设想，即地位部分取决于血统，部分取决于主仆准则。正如种族主义和对黑人的蔑视是奴隶贸易的核心，这一部分同样是种族隔离制度的本质。

不过，南非不仅仅是一个非非洲人殖民非洲的案例，同时也反映了世界性范畴下的西方经济帝国主义。

我们因此可以推断，作为奴隶制的种族隔离制度是西方大国真正憎恶的东西，就像他们在19世纪憎恶跨大西洋的奴隶贸易一样。但作为帝国主义的种族隔离制度是西方大国认可的东西，就像他们在19世纪认同缔造帝国一样。

这种辩证关系在19世纪不仅可行而且成功。英国可以同时成为主要的废奴主义国家和重要的帝国缔造者。目前出现的问题是，英国是否致力于有效地终结种族隔离制度，且不让帝国主义框架下白人主导的南非蒙受经济损失。

西方大国该如何处理这种困境呢？他们曾设法享用了废奴主义的蛋糕。现在他们能吐出种族隔离制度附带的毒药，继续享用白人主导下的南非的果实吗？

到目前为止，对于西方在南非投资的作用有两种主流看法。

第一种观点认为，西方的投资有助于政权的自由化，并可能有效避免以暴力解决问题。

第二种观点认为，西方对南非的投资使种族主义政权的权力得到巩固，导致真正的社会转型更加难以实现。

让我们依次对这些观点进行分析。

西方的投资使政权自由化的观点，部分是基于西方自身的历史先例。英国的工业化逐步导致内部民主化提升。城市里无产阶级增长，为争取集体谈判权而斗争；选举权首先延伸至中产阶级，随后扩大到工人阶级，导致出现新政党，形成工业革命后制度化的开放社会。如果西方在南非的投资出现相近的工业化影响，那么，我们是否也应该期待它有着相近的民主化效果？

与之相关的推论是，西方力量在南非的存在和西方模式的观念，可以为南非提供一个榜样，我们称之为示范效应。在南非范围内提高西方公司的工资，会逐渐促使南非社会的生活标准提高。美国因南非而制定的苏利文原则①，旨在从道德上引导美国投资者，帮助他们在追求利润与维护经济公平最低标准间寻求平衡点。

将西方的投资视为南非的自由化力量，这一派的另一个观点是，西方对比勒陀利亚政府②的影响，与他们对比勒陀利亚

---

① 1977 年通用汽车公司董事会成员里昂·苏利文制定的企业行为规范原则。他提出南非应释放曼德拉，终止种族隔离制度，否则他会联合所有美国公司从南非撤资。——译注

② 比勒陀利亚为南非行政首都，意指南非。——译注

经济的影响一样大。任何对西方经济帝国和其在南非投资结构的破坏，都将严重损害西方在自由化上对当权者的影响力。

这一学派的反对者认为，西方的投资起到稳固种族主义政权的作用。首先，在这种投资中，种族隔离制度事实上得到了大多数国际资本主义雄厚经济力量的支持，这反而使得这种种族制度在南非更加具有合法性。

其次，正是由于西方的投资，具有影响力的西方国家在现存政权下获得了既得利益。有些人甚至打心底认为，一个稳定的种族隔离制度要比存在混乱风险的多数黑人统治政权要好。

第三，西方的投资一定程度上促进了南非的经济繁荣，同时使得南非白人扩大既得利益，稳固现有地位，成为真正意义上自由化改革的障碍。

第四，西方的投资增强了当下政权让少数非洲人享有特权，并向广大民众分配足够多利益的能力，从而延缓被压迫的大众在政治意识上出现激进主义。

第五，西方的投资出于稳定需要，设法鼓励当下政权维持其高压结构，以此作为确保稳定的方法。

史蒂文·比科[①]是南非为了维持其残酷的政治结构而造成的牺牲品——西方的投资难逃其咎。

我在该问题上的立场是两种观点要辩证地结合。我接受西方投资有助于政权巩固的主张，我也认同西方投资确实可能使

[①] 史蒂文·比科（Steve Biko，1946—1977），南非反种族隔离活动家，南非最有影响力的黑人学生领袖之一，提出"黑人是美丽的"口号。1972 年他被南非政府驱逐，1977 年被警察拘留，死于绝食。——译注

制度自由化的预期。然而，我认为两者相加会在南非形成一个革命的局面。总的来说，历史上的革命往往不是人民处在最低谷和最贫困的时候发生的，反倒恰恰是情况开始好转的时候。在历史发生变化的过程中，革命往往发生在经济取得进步，但却因为发展过慢无法超出预期，或是无法缩小贫富差距的时候。

尽管我本人并不是任何形式的马克思主义者，但我的理论部分源于新马克思主义的观点。该观点主张，使南非的经济体系变得更加现代化会增加其与种族主义的不相容性，从而使种族隔离制度自掘坟墓。因此，南非下层的经济结构会比上层的种族主义结构变化要快；正如早些时候资本主义发展到无法容忍奴隶制那样，南非的资本主义也必将很快发展到不能再容忍种族隔离制度的程度。

南非的资本主义将产生自己的掘墓人，特别是黑人无产阶级。一开始，仅仅是黑人接手了白人不愿意做的工作。但这种情况越来越多，可能会导致白人不得不与黑人劳动力在潜在的领域竞争。

黑人已经加强了经济意识，因为不时会爆发要求调整奖励机制的罢工。从沙佩维尔的牺牲①到索韦托的英雄主义②，黑人的政治意识中已然具备好战的自信。

---

① 这里意指沙佩维尔惨案。1960 年 3 月 21 日，位于约翰内斯堡南部 60 多公里的城镇沙佩维尔发生警察向示威群众开枪的惨案，警察当场打死 69 人，打伤 180 人，一度震惊世界。——译注

② 这里意指索韦托暴动。1976 年 6 月 16 日，大约 15000 名黑人学生和老师走向索韦托街头，抗议南非政府提出的在黑人中小学教育中，一般的课程改用南非荷兰语来教授的奴化教育。在这次冲突中，由于警察在没有做出任何警告的情况下开枪，和平的游行变成混乱的暴动，几百名学生被打死，两名警察被砸死。这次行动中表现最为突出的并不是非国大，而是由"愤怒一代"组成的激进团体：黑人觉醒运动组织。——译注

在班图斯坦或黑人新建家园的附近，边境资本主义（border capitalism）会为抵抗与改变提供额外的潜在资金支持。

我所强调的是，西方投资在南非仍然发挥着作用，即在本世纪末之前为革命起义创造条件。创造这些条件确实需要制度上的一些自由化：政权的反对者需要更多的机会来进行会晤与商讨策略；开展运动需要更自由的手段；激进者需要一些空间来组织活动；不满的情绪需要自由地表达；种族之间需要相互交流的机会。

西方的投资有助于在非洲建立第一个真正的无产阶级——由南非共和国的工人组成——不管他们是否是南非的合法公民或无国籍人士。

不过，想要让西方有效地对南非政权施加影响，使其自由化，重要的是，西方的撤资运动应该反过来向南非大城市施加压力。除非西欧国家与北美国家在南非撤资问题上撕破脸，否则没有一个西方政府，当然也没有一个西方投资者，会有要求南非政权自由化的冲动。通过要求西方政府和投资者从南非撤资，我们可能只是成功地让投资者改善他们自己的工人在南非的工作条件，并让西方政府为此恳求南非政权为民主作出让步。

要求西方完全撤资，有助于自由化进程的开展。而自由化进程的推进，可有效帮助革命者展开最后的抵抗。

即使西方集体撤资仅仅展现端倪，也足以让南非政权担心全球孤立的威胁会越来越大，从而使西方影响力增强。举例来说，我坚信西方世界的大学应在道义上带头撤资。在西方，大学不仅是学习的重要场所，同样也是西方自由启蒙的中心。从与南非有广泛交易的公司撤资，大学会为增强西方的影响力作出贡献。虽然根据常识，西方的全面撤资会大幅降低西方对南非当局的影响力，但随着南非政权为避免进一步的撤资而努力做出让步，有选择、有计划的西方撤资反而会增加西方的影响力。

现在让我总结一下该论点。通过使南非经济繁荣，西方投资促使非洲第一个真正且庞大的黑人无产阶级诞生。西方投资者通过自己的公司和工资上的示范效应，使南非其他地方的工人期望值提高，并促使黑人激进的经济意识得到加强。西方政府与投资者通过对南非当局施压，使之对自由做出让步并扩大公民的自由。反对者因此得以更好地了解彼此，并有效地组织起来以便在未来对当局施加更多的压力。但最终白人主导的政权不会仅仅由于自由化进程而放弃权力。他们永远不会和平地迈向诸如以"一人一票"原则来选择国家领导人的阶段。

因此，按照这一逻辑，最终的解决方案是在南非进行暴力革命。我的观点是，在种族隔离的社会中，暴力革命最好是在这样的条件下爆发：被压迫者中产生的新经济阶层要求新的回报，且社会自由足以使革命者被招募与组织起来，与不公正的制度进行最终较量。

请注意，当革命真的到来之时，西方投资者将不会，也不应该得到任何功劳。毕竟，投资者的动机从来不是为根本性变革创造条件。投资者成为种族隔离制度的掘墓人，实属无心插柳的结果。

不过，整个西方世界可以通过去支持南非的解放者而不是支持津巴布韦或纳米比亚的解放战士，来提升其革命后在南非的机遇。这里并不是说西方面临一个非此即彼的选择，要么继续在南非投资，要么支持旨在变革的解放运动，它可以二者兼得。正如我所谈到的，经济上的投资会有助于革命的早期阶段到来。不过，西方世界必须做好在游击队斗争开始时予以道义上支持的准备，同时允许这些运动组织在西方国家的首都自由募集资金。西方政府很难直接向解放者提供武器和弹药，但他们至少可以对解放者的武器运输睁一只眼闭一只眼。这将与联合国 1977 年对比勒陀利亚政权施行武器禁运①的政策背道而驰。

因此，西方未来的双重战略是：第一，继续但有选择地在南非投资；第二，在未来岁月的重大考验中向解放者提供道义和物质支持。

南非很可能成为非洲人对非洲历史上屈辱的十字架展开最后一场大战的舞台。种族的概念并不会随着南非解放而消散。种族作为一种生物学上的差异是生活中永恒不变的事实；但种族主义作为一种社会等级的概念，是一种有限的历史现象，它的终点可能就在眼前，但在我们有生之年却不一定能看到。在 20 世纪的几十年中，人类对种族主义在道德上的不端已达成重要共识。如今，在联合国中反对种族隔离制度的投票已趋于一致，尽管在不到 20 年前，投票中曾经

---

① 1977 年 11 月 4 日，联合国安理会决定对南非施行强制性武器禁运。——译注

出现过真正的分歧。不公正与种族歧视的现象由来已久，但持续的种族隔离现象确是近代历史的产物。这两种形式的种族主义都是短暂且有限的。不仅在非洲，而且在英国，当然还有美国及其他地方，这两种现象在我们今天的日常生活中都可能不断呈现。但总的来说，非洲的屈辱十字架很可能在21世纪得到长眠。整体上看，奴隶贸易已经结束，直接的政治殖民化已进入最后的阶段。制度化的种族主义正处于一个明确、不容置疑且普遍赞同的死亡判决之下。

那么，为何我认为种族主义正在走向灭亡？为什么我如此确信20世纪很可能是全球重大种族问题存在的最后一个世纪？

为了回答这个问题，我将人类团结的两种形式区分开来。一种团结是基于群体之间的生物学意义上的联系。这种关系可能由一个大家庭组成，或一个宗族，或一个部族——甚至一个种族。这种生物意义上的联系可能是真实的，即该群体的成员都是某些共同祖先的后裔，或许也可能是基于成员们的预设假定。

第二种团结是基于经济关系，同样存在真实与假定。这种团结最明显的例子来自阶级意识。那些因为与自己有着共同经济困境而团结的工人，或是因为同自己有共同经济生存能力而聚集在一起的雇主，都是一种经济团结现象。

迄今为止，世界历史似乎表明，生物意义上的团结的力量在下降，经济形式上的团结的影响则在上升。因此，广泛意义上通过大家庭、宗族和部族团结的生物性联系，在北半球呈现急剧下降的趋势或是完全处于劣势。在英国，只有苏格兰和

（北）爱尔兰的部分地区似乎还保留强烈的氏族团结意识。

地方民族主义，即认为自己是某一部族祖先后裔的大规模群体，在整个西方世界几乎消失。

问题是，基于生物学联系团结的形式——大家庭、宗族和部落，是否也将种族主义和种族意识作为守护其命运最后的政治堡垒。

我的观点是，种族主义会走上地方民族主义的老路，除了个别极小地方外，会逐渐从人类的历史中退出。

在欧洲，地方民族主义几乎是生物团体中最先消失的；种族主义很可能会最后消失。而在非洲，种族主义可能最先终结；但地方民族主义会持续更长的时间，并最终在下一代彻底消失。

欧洲通过下令废除地方民族主义来整顿家园，却不承想种族主义乘虚而入，尤其是在欧洲帝国主义衰落之后。在非洲，地方民族主义暂时是家园的组成部分；种族主义即将被历史所遗忘。

国际外交与国际政治的转变，促使种族主义在人类历史中濒临消亡。在历史上，国际社会从未像今天这样多元种族化。亚洲、非洲和太平洋地区如此多非白人国家的解放，再加上将地球变为单一全球外交体系的通信系统，共同带来了世界上最大的多元种族社会。这就是 20 世纪最后 20 年的人类现状。

鉴于当今世界外交的多元种族性，国际行为准则从未像现在这样敌视种族主义。当下几乎没有一个外交官可以站在联合国大会上表达基于种族优越性和种族劣根性理论的观点。许多驻世界各个地区的西方外交官可能仍然是种族主义者，但世界通用的外交辞令会迫使他们掩饰自己。如今，联合国及其机构中几乎所有反对种族隔离制度的重大投票都会以压倒性的票数通过，有时是一致通过。而在仅仅三四十年前，世界各国外交官谈论南非的种族隔离制度或是美国的种族主义事件时，却存在真正且重大的意见分歧。

初露端倪的是世界体系内关于种族问题达成广泛的共识，即便这种共识部分基于言辞表面，但确是当今世界现状的一环。在未来，人们将会在收入、工作及商品问题上展开唇枪舌剑，但他们却会越来越少在种族和地方民族主义问题上针锋相对。

如果基于经济利益关系的团结继续加强，而基于生物性亲缘关系的团结持续下降，那么未来会是什么样子？

我认为，一个无阶级的社会是不可能存在的。人与人之间总是因为政治权力、经济利益或二者兼有而产生差异。卡尔·马克思预言，无产阶级革命之后，社会将走向无阶级的道路，这只是一厢情愿的想法。经济阶层是会长存的。我们所必须做的，是将人与人政治与经济上的差距控制在最低限度。

另一方面，种族主义和地方民族主义不会坐以待毙。人类最终的前进方向不是一个无阶级的社会，至少从最终消除基于政治和经济联合的亲友团结意义上来说，是建立一个无地方民族主义的社会。即使在核心家庭，有一天也必须让出在大多数社会行为中存在的裙带关系特权。

人类与种族主义的最后一场战役不是在南部非洲展开，

而是在伯明翰的街道、底特律的贫民区、马赛的港口及西方世界其他地方的汽车旅馆中进行。换言之，西方世界将是人类与形式更微妙的种族不公抗争的最后舞台。

人类反对地方民族主义的最后一战将在非洲打响，黑人将在这场战役中学会如何在没有广泛的种族裙带关系和歧视下，与其他黑人一起生活。至于阶级斗争，它永不停歇。当南部非洲被种族主义之战搞得满身伤痕时；当非洲其他地区的黑人希望将种族隔离伤痕上同样彰显地方民族主义分离隐喻的文身清除时；当欧洲人最终明白如何与同样是地球飞船乘客的非白人打交道时；这里将还剩最后一个道义问题等待着所有人：为追求更高的社会正义而进行阶级斗争。

阶级的形成仅仅是经济因素的产物吗？在帝国主义国家体系中，文化在阶级形成中的作用往往被低估了。帝国主义国家或是占统治地位的种族，他们的文化会获得往往超越其经济效用的声望。在非洲的大部分地区，那些掌握统治者口头语言和书面写作技巧的男女因此得以上位，这与他们最初的社会经济地位无关。每个政治体系中都包含两种社会阶梯：经济积累的阶梯和文化影响的阶梯。我们将在下一讲讨论文化接触与文化分层中的复杂性。

第三讲
文化的冲突

不久前，我与一位讲法语的非洲朋友共进午餐。他小时候受到小儿麻痹症的侵袭，四肢已经开始不听使唤。他的家人于是讨论是否把他扔进河里。他来到这个世界上时似乎并不完美，把他扔进河里淹死是为了让他能以更好的状态重新投胎。轮回理论已被转化成一种治疗小儿麻痹症的方式。

就在这个家庭内部对此争论不休的时候，我朋友的病情幸运地开始好转。这种好转最终使天平向献祭和祈祷倾斜，而不是做出极端的"手术"决定——把孩子扔到河里淹死。

我的朋友现在是一位精通法语和英语的学者。除了右臂和手部一些地方僵硬外，他几乎没有受到小儿麻痹症影响的迹象。他的个人历史就是非洲医学史的一部分，他的家庭从他的个人经历中吸取到足够的教训。

然而，非洲仍处在一种转型状态。在科学普及领域，非洲人不得不改变他们对很多事情的看法。天空为什么下雨？我们开始接受干旱并非是由某一年出生的双胞胎过多造成的观点。

是什么导致了疾病？每当我消化不良时，我就会多出一个疑惑，是否我的疾病是由某个饥饿或贪婪的人因为瞥见我下巴在咀嚼，出于嫉妒造成的。当我求助于苏打泡腾片①时，我确实得到了解脱。

显然，非洲社会在文化上并不是最接近西方的，但在20世纪，这块大陆却是非西方世界中西化速度最快的。造成这种悖论的原因是什么？其影响如何呢？

为了全面理解这一问题，我将非洲西化进程与文化在社会中的七种功能联系起来加以分析。

首先，文化提供了一种感知的镜头，一种看待现实的方式，一种世界观。西方是以何种方式改变了非洲的世界观？

第二，文化提供了评价的标准。什么是善，什么是恶，什么是美，什么是丑，什么是合法的，什么是不合法的，都植根于文化提供的标准。西方是如何改变或扭曲了非洲的评价标准？

第三，文化对动机因素有着重要影响。是什么促使个人采取或不采取行动，是什么激励个人表现出色或发挥出自己的作用。这些或多或少受文化因素所激发。

第四，文化提供了交流的媒介。文化交流的方式包括从字面意义上的语言到身体姿态和穿衣服饰。

第五，文化为分层也就是社会等级秩序提供了依据。地位、等级和社会分化部分取决于文化秩序等级的影响。由于西方的影响，非洲的等级秩序是否发生了变化？非洲大陆是否形成新的阶层，以回应非洲与欧洲文化领域的交流？

第六，文化和生产资料之间的联系，这在一定程度上属

---

① 一种泡腾式的消食片药品，用于治疗消化不良。——译注

于文化与经济学之间的关系。非洲的西化是否改变了生产资料与生产方式？历史变革的主要力量究竟是什么？是文化的改变还是经济的进步？

文化在社会中的第七个主要功能是定义身份，即确定一定条件下"我们"是谁，"他们"是谁。非洲身份认同是否因非洲与西方的互动而发生改变？

现在，让我们更详细地对这七种文化起到影响的领域加以分析，同时大致分析一下，为什么与西方如此不同、处事风格有如此明显差异的非洲文化，会与此同时迅速屈服于西方文化的挑战。

在评估文化与认知之间的联系时，我们不妨留意一下托马斯·库恩的研究报告《科学革命的结构》[①]。库恩区分了正常的科学和科学革命。前者意味着科学思想的持续演进，后者则是指看待现实的整个观点发生了根本性的、相对迅速的改变。库恩在早年出版的著作《哥白尼革命》中，已将他在后来更具影响力的科学革命著作中的观点或多或少展现出来。哥白尼革新的是我们观察宇宙的方法。在 1543 年出版的一本书中，哥白尼纠正了托勒密和亚里士多德关于宇宙的认知，从而挑战了人类中心主义。在那之前，人类一直将地球视为宇宙的中心。哥白尼颠覆了全球集体性的人类中心主义观点，并为人类在观察行星时保持一种谦虚且科学的态度

---

① 托马斯·库恩（Thomas Kuhn，1922—1996），美国科学哲学家，科学史家。《科学革命的结构》是库恩最重要的著作，发表于 1962 年。这本书是科学哲学史上一道重要的分水岭，引导了科学哲学界一场认识论的大变革。——译注

奠定基础。因此，哥白尼在我们对现实的认知上进行了一场革命，即托马斯·库恩所说的"范式"的转变。离我们今天不远的查尔斯·达尔文在这个意义上是另一位科学革命者。事实上，他因为重挫人的锐气而与哥白尼相提并论。正如一位作家所写：

> 正如哥白尼的天文学体系将地球从其在宇宙中心的位置罢黜一样，当达尔文在 1871 年的另一本书《人类的由来》出版时，达尔文主义似乎也将人类从教会宣称的必然选择中驱赶出来。在这本书中，他列举了人与其他动物无异的证明。[1]

其他科学革命当然包括艾萨克·牛顿和阿尔伯特·爱因斯坦等人的发现。所有这些都是科学范式的重大转变。这些知识也是西方世界后来向非洲社会传播的科学文明史的一部分。

尽管托马斯·库恩的理论基本上完全涉及科学革命领域，我打算在本讲座中讨论的是文化革命的问题，该问题涉及的范围要比毛泽东在 20 世纪 60 年代提出的文化大革命更加广泛。正如达尔文和牛顿引起科学方法论的重大范式转变一样，其他人和其他方法有时也会在文化中激发类似的根本性转变。我们从熟悉的宗教革命谈起。公元 7 世纪伊斯兰教在阿拉伯的兴起，是阿拉伯人从多神教和偶像崇拜向一种既

---

① L. S. Stravrianos, *Man's Past and Present*: *A Global History* (Englewood Cliffs, N. J. : Prentice-Hall, 1971), pp. 270—273.

新颖又好战的一神教的一次重大范式转变。耶稣的启示也是根本性的变革，尽管其得到认可的速度要比先知穆罕默德的慢一些。

同样，经济思想方面也曾有着重大的转变。大卫·李嘉图和亚当·斯密的思想提供了一种自由资本主义范式，一直沿用至 20 世纪两次世界大战期间在英国的经济思想中出现凯恩斯主义革命。凯恩斯主义经济学自身与另一种范式，即马克思主义和新马克思主义的政治经济学派保持共存。同样，所有这三种经济传统（亚当·斯密、卡尔·马克思和约翰·梅纳德·凯恩斯的思想）都以各自的方式进入非洲，并融入非洲的知识熔炉。

各种西方范式（包括科学层面与文化层面）一起汇聚到非洲。问题就此产生：无论好坏，它们是否反过来会在非洲人的头脑中引发一场广泛的文化革命？

在科学史上，当传统范式中持续出现无法解释的反常，并且无法顾及某些现实或解决某些问题时，就会出现革命性危机。正如库恩本人所言：

> 在科学中……新事物总是随着困难一起突然出现，它违反期望所提供的背景，并以抗拒来表现自己。起初，人们只能感受到预期的和通常的情形，即使在后来出现反常的那些情况下也是如此。然而，进一步熟悉以后，就会意识到有某种事情出了差错，或者是把这种结果与以前出了差错的事情联系起来。这种对反常的意识开辟了一个新的时期，在此时期内概念范畴被调整，直

到使最初的反常现象变为预期现象时为止。至此，科学发现就完成了。[①]

在文化革命中，当现有的文化预期不足以满足新的现实时，确实可能发生根本性的变化。伊斯兰教在阿拉伯的兴起无疑是这样的。

不过，尽管伊斯兰教确实受到来自犹太教和基督教的非阿拉伯思想影响，但总体而言，它是阿拉伯本土思想的迸发。20世纪非洲的文化革命不仅仅受到西方的影响，它基本上是非洲文化逐渐屈服于西方文明侵略性力量的证明。

由于在非洲的传教士学校中，传播西方科学知识与西方基督教相辅相成，西方范式在非洲的力量得到加强。宗教是解释现实的一种方式；科学是另一种，尽管二者非常接近。进入非洲的基督教徒也是西方世俗教育者。传教士们建造的学校不仅仅是为了教授教义与圣经，也是为了教授数学、生物学和一种或多种欧洲语言。

与印度殖民地或被占领的埃及相比，撒哈拉以南非洲的殖民大国允许传教士在伊斯兰势力强大的地区之外任意传教。因此，印度和埃及被殖民者是与西方的世俗和科学范式作斗争，而非洲黑人被殖民者则必须在此基础上，还与高度

---

① Thomas S. Kuhn, *The Structure of Scientific Revolutions* (Chicago and London: University of Chicago Press), 1967 edn, p. 64. For the application of Kuhn's ideas on theories of development consult Aidan Foster-Carter, "From Rostow to Gunder Frank: Conflicting Paradigms in the Analysis of Underdevelopment", *Word Development* (March 1976), Vol. 4, No. 2, pp. 167—180.

制度化的基督教传教士作斗争。

我这里并非意指在印度和亚洲其他地区，或是伊斯兰世界没有传教士的机构。我只是说，在那些拥有西方人所认为的高级宗教文化（如印度教、佛教和伊斯兰教）的国家，基督教传教会因为担心好战的宗教"狂热者"反击而表现得相当谨慎。但非洲黑人并不被视为拥有"高级宗教文化"，充其量拥有"民间"或"部族"宗教。传教士在帝国力量的支持下可以在这些地区肆无忌惮地挑战非洲宗教，并确信不会有"部族"狂热者进行反击。

西方将神圣与世俗联系起来，将科学与宗教结合在一起，对非洲的思想造成联合式冲击，在非洲制造了强烈的文化革命。这其中主要原因是非洲传统文化并没有对宗教与世俗进行区分。

我之前已经提到许多非洲社会曾采用的那种过时治疗模式。在我小时候，我亲眼见证我一个最亲密的朋友在颤抖和呻吟中死去。现在我猜测那时这个朋友得了肺炎，但他的母亲却坚信这个孩子的情况与猫头鹰的诅咒有关。在斯瓦希里语中，我们有时把猫头鹰比作"babae watoto"，即孩子的父亲。西方人曾认为猫头鹰是智慧的象征，在东非我们也是这样认为的。但除此之外，我们还赋予猫头鹰"哈梅林魔笛手"[①] 的能力，它能发出那种召唤孩子赴死的声音。

在蒙巴萨，我朋友的母亲在房子的门口放置了特殊的标

---

① 德国传说中的魔法师，曾为了报复言而无信的村长，用魔笛引诱村里的所有孩子跟他一起消失。——译注

志和祭品，在绝望下想打破猫头鹰的诅咒。我朋友也开始认为自己受到了猫头鹰夺人心魄的诅咒，在呻吟中走向死亡。在我的朋友去世后，我为他痛哭了一场。当时的我反而在诅咒猫头鹰。

即使我们知道我这位蒙巴萨的朋友患有肺炎，他也可能因病去世。但是，后来我这位讲法语的朋友几乎被扔进河里淹死又该作何解释？显然，在西方的影响下，那些威胁到生命的治疗范式确实值得改变。

但宗教的范式在变革中却不那么明确。除非我们是任何一派的信徒，否则我们真的能确定哪一种宗教更优于另一种宗教吗？

许多非洲本土宗教的神是正义之神，只会在必要时施加苦难。基督教的上帝是一个讲究爱的神，但他却赞同把苦难作为接近上帝的一种方式。

非洲传统的神往往是勇武之神；基督教的神则督促你"转过另一边脸"。非洲的神奖励活着的战士；基督教的神则将去世之人封为圣徒。非洲的神使某些大树与山脉变得神圣，一些动物成为兄弟姐妹；基督教的上帝认为人是按照上帝形象所造就的，地球上其他动物缺乏这种神圣，它们的存在只是为了服务人类。

这最后导致，基督教的女性美德——温软的爱、温和、温柔、宽恕和耐心等柔和的理想，以一种使非洲人更容易被"安抚"和更快地服从帝国秩序的方式使用。非洲强硬的战士价值观——勇气、忍耐力、男子气概甚至是有意的残忍——都被抑制了。

当然，欧洲的基督教本身在数世纪里也经常支持保卫国家和地方的战士精神和残忍的行为。但19世纪最后25年和20世纪上半叶在非洲兜售的基督教，总体来说是顺从的版本，是服从与"转过另一边脸"的版本。

我们不得不等到20世纪最后的三分之一时间，才在非洲见证了基督教的再阳刚化，即随时以男子汉气概的战斗价值观来捍卫正义。设在日内瓦的世界基督教教会联合会就资助南部非洲解放运动的正当性进行辩论。表面上看，这是为南部非洲解放运动非军事需求作出的贡献，但实际上解放运动的资金使用不太可能将非军事与军事区分开来。

在内罗毕，我采访了全非教会联合会的官员，和他们讨论了关于其与西方资助者在一个暴政政府中遭遇暴力正当性危机所产生的问题。许多西方人对二战中奋起反抗纳粹战争的必要性毫不怀疑。这种规模的战争必然充斥着大规模的暴力。欧洲的基督教习惯于向处于战争中的欧洲国家提供非军事支持，无论这种战争是防御性还是侵略性的。但是，欧洲的基督教对于向种族主义暴政发动战争的解放运动提供非军事支持时，却仍有所迟疑。

然而，世界基督教教会联合会和全非教会联合会不顾那些强烈反对向解放运动提供帮助的意见，在援助这些运动中勇往直前。这一事实表明，非洲的基督教正经历着从屈服神学走向解放神学的重大转变。在20世纪前60年的时间里，非洲的勇武传统文化受到了极大破坏，现在一些基督教传教士正在寻求与解放南部非洲的传统勇武文化相结合。谦逊、宽恕和"转过另一边脸"的女性美德正受到"使用另一只拳"的挑战。无论好坏，非洲基督教的再阳刚化正在进行。

这就向我们展示了文化在社会中的第二个功能：文化是作为一种对与错、善与恶、美与丑的评价标准。这不可避免地与曾经发生转变的宗教范式有关。同样，这种评判标准不仅与世俗科学对道德的影响交织在一起，而且也与世俗意识形态的影响交织在一起。很多非洲人将宗教与世俗结合在一起。

一个非洲人可以既是基督徒又是马克思主义者吗？至少有一位重要的非洲历史人物肯定了这一点。加纳第一任总统克瓦米·恩克鲁玛宣称："我是一个马克思列宁主义者，我也是一个非宗派的基督徒。我认为这并不矛盾。"①

一个非洲人可以既是马克思主义者又是穆斯林吗？几内亚的塞古·杜尔曾肯定了这一点。20世纪70年代的索马里有三位重要历史人物：穆罕默德、马克思和"疯毛拉"。最后一个是西方人对穆罕默德·阿卜杜拉·哈桑的蔑称，他生于1864年，卒于1920年，是一位宗教改革者和民族主义者。

一个非洲穆斯林或基督徒可以信仰非洲传统宗教吗？这显然是非洲宗教现实的一个主要特点。非洲数以百万的穆斯林和基督徒设法将来自祖先的信条，吸收到各自的宗教价值观和信仰体系中。

一个非洲人可以既是基督徒又是穆斯林吗？出于某些原

---

① Kwame Nkrumah，Ghana：*The Autobiography of Kwame Nkrumah*（Edinburgh and New York：Nelson，1957）.

因，这两种体系在非洲就和在其他地方一样，往往是互不相容的。一个非洲家庭可以同时有穆斯林和基督徒。当一个非洲人有意识地接受基督教和伊斯兰教后，有人愿意称自己既是穆斯林又是基督徒。事实上，这种结合与诸教合一又有些差异。

伊斯兰教和基督教之间存在着紧密的联系。穆斯林承认耶稣是处女所生，但他们否认耶稣被钉死在十字架上。因此，基督徒和穆斯林最开始在耶稣的出生上达成一致，在最后耶稣是否被钉死在十字架上却各执己见。穆斯林肯定耶稣的神圣性（holiness），但他们否认他的神性（divinity）。他们将耶稣视为一位先知，但不是上帝之子。基督徒承认穆罕默德的伟大，但他们否认他的神圣性。他们认为穆罕默德是一个宗教奇才，但不认为他受到神的启示。

这两种信仰体系的差异，在非洲和其他地方一样明显。这种体系确实制约着不同宗教信徒，以及宗教中戒律和价值观的评判标准。

当然，宗教混合大体上几乎和宗教本身一样历史悠久。事实上，每个基督徒现实中都至少是两种宗教的混合：其自己的宗派和犹太教。每个穆斯林至少是三种宗教混合：其自己的宗派、基督教和犹太教。每个非洲穆斯林则有四个：伊斯兰教、基督教、犹太教和祖先的信条。

所有这些价值观和信仰的组合，使得非洲成为一个迷人的文化变革舞台，一个价值观与评判标准的大熔炉。

在这些价值观体系中，性与性关系的价值观关系非常密切。我们在这里可以区分非洲的前基督教性习俗，基督教性习俗和后基督教性习俗。

非洲的一夫多妻制问题是一个长期存在的问题。1979年，肯尼亚立法机构就该国的婚姻法是否应该统一，以及一夫多妻制是否应该废除或再婚是否必须得到第一任妻子或前妻的许可而展开辩论。肯尼亚议员在国民议会辩论中露骨且激进的大男子主义令人咋舌。

不过，前总统乔莫·肯雅塔本人并不反对一夫多妻制，他自己也在同一时间有着不止一个女人。在他被指控创建和组织茅茅起义的审判中，肯雅塔被要求明确回答他是否赞成一夫多妻制。他回应说自己并不反对，尽管他本人从不称其为"一夫多妻制"。辩护律师站起来抗议说，一夫多妻制并不属于任何一项对肯雅塔先生的指控。

很显然，尽管这种婚姻制度本身是前基督教型的，但就算在受基督教影响很大的非洲地区，它也表现出非凡的韧性。许多非洲男人的一生中都有一个基督徒妻子和一个以上受不同传统安排的妻子。几年前，塞拉利昂驻英国大使与已故总统恩克鲁玛的前南非女友结婚。他随后为自己辩解说，之前国内的妻子是通过传统习俗结婚。在西方媒体的关注下，这种窘迫的境地令人窒息。塞拉利昂政府虽然完全知道这种事情在非洲是再正常不过的，但仍然不得不召回其驻英国的大使。由于西方国家不赞成重婚，这在国际外交中被认为是非常尴尬的。

接下来是继娶寡嫂的问题，即所谓娶已故兄弟的遗孀为妻。恩克鲁玛的母亲就是由他叔叔"继承"的。在这种情况下，妻子未来的子女被视为已故丈夫的子女。

1969 年，肯尼亚杰出的政治家汤姆·姆博亚在内罗毕的一条街道上被暗杀，他高度西化的妻子帕梅拉悲痛欲绝。帕梅拉后来与姆博亚的兄弟同居，但没有完全遵循当地的特有习俗。因此，这种结合没有完全得到当地罗族的认可。

不过，在我看来更为重要的是，汤姆·姆博亚的遗孀和他兄弟之间结合的合理性问题，他们三个人并非遵循基督教的传统，而是主要基于罗族文化的传统习俗仪式。

在乌干达独立初期，布干达王国①存在王室血亲婚配的情况，整个国家实行的是传统的一夫多妻制。乌干达第一任总统爱德华·穆特萨②也是布干达的"Kabaka"，即国王。他还是乌干达圣公会的领袖。但他的嫂子实际上是他的第二任妻子，他嫂子的儿子被广泛认为是事实上王位的继承人。当阿明掌权之后，穆特萨的儿子穆特比被宣布为继承人但不是王位继承人，因为国王已被废除③。这一事实深深伤害了穆特萨的第一任妻子达马利，导致她转头在天主教内寻求安慰。那时，穆特萨本人已经去世。

米尔顿·奥博特曾在独立初期通过传统仪式娶妻。但后来奥博特决定娶自己部族外的人为妻，于是他选择迎娶一位成熟的西化干达人女子米里亚为妻。这场基督教的婚姻奠定

---

① 乌干达的国中之国，在殖民前就已拥有自己的国王和领土，是乌干达的现代多元文化特色之一。——译注

② 爱德华·穆特萨二世（Edward Mutesa II, 1924—1969），1939 年成为乌干达布干达王国国王，1963 年到 1966 年出任乌干达总统。后被米尔顿·奥博特废黜。——译注

③ 1966 年奥博特上台后废黜了国王职位。1993 年，现任总统穆塞韦尼下令恢复了乌干达的四个王国，但只保留其文化和象征意义。——译注

了米尔顿·奥博特基督教式的一夫一妻制。

伊迪·阿明身为穆斯林，却在非洲血统与他信奉的中东宗教之间很少出现婚姻和谐的问题。在他担任总统的第一年，他有四个妻子：一个是干达人，一个是布索伽人，一个是兰戈人，还有一个是卢格巴拉人。阿明将自己的婚姻视为民族融合的小型范式。他的妻子们代表着四个不同的民族，他本人则代表了第五个民族。所有这些都与国家元首的婚姻状态融为一体。

不过，阿明确实做了一些实事。他纠正了乌干达法律中一个不合常规的现象，即虚伪地将一夫多妻制列为犯罪。事实上，对于乌干达的非洲人而言，一夫多妻制从来没有被判有罪。

基督教与前基督教的性传统在共存问题上分分合合。非洲的基督教仍然保持着对性行为的极度不信任，其中一部分原因是基督教本身的原始象征意义。毕竟，耶稣为处女所生表明，性行为对于这个被认为是凡人之子和上帝之子的存在者（being）而言是没有必要的。圣母无玷始胎这种说法，本身就是将性行为视为某种意义上的一种玷污。

耶稣基督 33 岁被钉死在十字架上之前，他的独身生活提供了又一个证据。为什么这个本应与其他人一样的人却被剥夺了性欲这个人类最基本的冲动？直到今天，任何试图在基督教世界拍摄一部暗示耶稣具有人类性本能的影片的人，都会立刻遭受到信徒们的敌意。

基督教对性极度不信任的另一个原因是，绝大多数的基督教教派神职人员都是独身。服侍上帝不仅需要发誓服从，还需要发誓禁欲。

随后，通过一夫一妻制定义其他人，将爱情定义为更接近于两个人之间互惠的性垄断。

基督教对非洲性行为的不信任，包括基督教传教士禁止非洲人在学校里跳某些舞蹈，因为这些舞蹈被认为过于性感；同时也禁止非洲人唱一些歌曲，因为这些歌曲被认作极具性暗示。

现在，也出现了一种后基督教世界的价值观。这源于西方世界更加自由化的性行为。在整个西欧和北美，除了一小块正统和传统的地方，婚前性行为完全或接近完全合法化了。

对于很多非洲社会而言，转向婚前性行为并不一定是后基督教的，这部分也属于向前基督教和前殖民地的回归。甚至在一些非洲社会中，男人在决定与一个女人结婚之前，必须先与她睡在一起。交媾绝不是结婚仪式后的奖励，事实上，它已经成为情侣之间相互了解过程的一部分。

西方的后基督教性习俗包括轻易地离婚。对于非洲来说，这也是前基督教性习俗的一种。在非洲，婚姻是一次又一次的协商。如果与丈夫无法合得来，妻子可以暂时或者在最后关头永远地回到娘家父母身边。

在西方，后基督教性革命包括放宽对淫秽和色情的限制。

在一些非洲国家，比起在城市里的商业化性文学作品中看到见不得光的色情表演和裸体模特，在乡间更容易撞见全身赤裸的人在做日常工作。

相反，一些非洲国家对迷你裙之类的服饰有着格外严格的限制。社会学家对光着身子（nudity）和赤身裸体（nakedness）进行了区分，前者是一种没有衣服的自然状态，后者是一种不穿衣服的状态。后者往往具有性暗示，特别指重要部位的露出。

西方后基督教性习俗的另一个方面是对男女同性恋有着更大的宽容。诚然，许多基督教会已加入说服西方政府放宽或终止反对同性恋的法律，认为罪孽是教会而非国家层面的问题。但事实上，同性恋解放是社会自由主义的产物，并非源于基督教自身。

在非洲，同样存在女性"迎娶"另一位女性的情况。但实际上，这是一种不同意义的婚姻，而且往往与性行为无关。可以被称为单性别无性婚姻。

总体而言，非洲国家仍然保留强烈反对同性恋的法律。这是西方后基督教性革命的一个方面，但非洲各国政府尚未对其进行效仿。同西方人相比，非洲人在异性恋方面享有更多的自由，但他们对同性恋的容忍程度较低。

非洲在道德方面，正如其在法律和美学方面一样，正处在一个明显的文化转型期，这对评判标准产生了深刻的影响。不同价值观的标准在相互的竞争中共存，非洲人也在寻找一个与彼此对抗的行为规则相适应的领域。

文化的第三个主要功能在于动机。作为文化因素尤为重要的一点，是在追求个人福祉和集体利益之间寻求平衡。在传统的非洲社会中，其标准大致如下：首先，一个人最初的动机是获取足够多的东西来满足他或她的基本需求及其直系家庭的需求；其次，寻求满足更广泛的家庭和社会的基本需求；第三，追求超越基本需求的个人发展；第四，谋求超越集体需求之上，更广义的家庭和社会的福祉。

在西方的影响下，非洲的动机原则进行了相应调整。在西化的非洲，对基本需要的获取仍然是首要的。但在超越基本需求之后，接下来非洲会将重点投射于个人自我利益的提升。换言之，广义上对于集体的贡献服从于个人发展的需要。

在某些情况下，一个西化的非洲人在行有余力的情况下仍然能够为大家庭和宗族在基本需求方面作出贡献。但在西方个人主义影响的新环境下，这种动机显然已不是主流。

在经济领域，这种动机因素的变动导致追求利润问题的尖锐化。除非受到独裁政府的限制，越来越多的非洲企业家开始跟风效仿资本家的行为。通常情况下，这些非洲企业并没有像资本主义在西方世界那样受到制约。

同样，非洲传统与西方的价值体系往往相互影响。利润动机部分借自西方，以现代化名义出现，但声望动机却是传统价值观中的一环，它通过分享自己的赏赐和展示自己的牛群来寻求宗族的集体认可。

利润动机与声望动机之间的相互作用，导致既贪得无厌又炫耀性消费的动机出现。在某种程度上，这是对原先的新教伦理的否定，而正是西方的新教伦理使得资本主义萌芽。在西方的企业家精神影响下，获取性动机在企业家个人身上得到体现，但其消费欲望必然受到约束。加尔文主义将商业中的获取理想化，认为这是一种潜在的恩赐，同时他们不鼓励消费和炫耀，将其视为骄奢纵欲之罪。

但是，非洲资本主义将对利润的追求和对声望的渴望结合在一起，在消费冲动的同时，强化了贪婪的本能。只要有可能，从尼日利亚到肯尼亚，从科特迪瓦到扎伊尔，对喧闹的豪车、浮夸的住宅、豪华的聚会和朝欢暮乐的追求，一直成为向往更多财富的一大特色。

文化的第四个作用是作为交流的媒介。这与文化在感知方面的影响同样广泛。这是因为我们的世界观一部分是范式和认知的产物，另一部分归于概念化和语言的问题。

欧洲语言是非洲从西方世界得到的最重要的文化遗产。同样，这些欧洲语言对非洲的影响比对其他任何一个亚洲殖民地都要深远。甚至连非洲国家的身份认同也与他们是否讲英语、法语、葡萄牙语或其他帝国主义国家语言有一些关联。我们从未像提及"非洲英语国家"和"非洲法语国家"那样来谈论"亚洲英语国家"或"亚洲法语国家"。欧洲语言对非洲国家的国家性事务如此重要，以至于语言上的区分构成了非洲国家之间在联盟和结盟上基本的政治分界线。

撒哈拉以南绝大多数非洲国家在取得独立后，选择他们的前殖民帝国国家母语作为国语。他们从讲英语或法语的同胞中选择议会成员，视情况而定。他们同样从极少数西化的人中选出了政府的成员。到目前为止，非洲第一批伟大的领导人绝大多数都是西化或半西化的非洲人。他们这些人中包括历史上的伟人，如已故的克瓦米·恩克鲁玛，以及现实中的伟人，如坦桑尼亚的朱利叶斯·尼雷尔和科特迪瓦的费利克斯·乌弗埃·瓦尼，还有那些没落的伟人，如乌干达的米尔顿·奥博特和尼日利亚的雅库布·戈翁等。

在为这次里斯讲座进行准备工作时，我采访了两位在任总统：塞内加尔的列奥波尔德·桑戈尔和赞比亚的肯尼思·卡翁达。卡翁达是西方对非洲宗教影响的典型例证：他是一位非常虔诚的基督徒。桑戈尔是西方对非洲语言影响的突出例子：他是一位著名的法语诗人。桑戈尔对法语的精通使他在法国本土广受尊重，他还参与起草了法国第五共和国①的现行宪法。此外，桑戈尔虽然是黑人性和非洲价值观的拥护者，但在他成年后的大部分时间里，他都热爱法语。正如他自己所说的那样：

> 如果我们有机会再选择的话，我还会选择法语作为官方语言。第一，法语是一种极具影响力的语言。在18世纪时，法语受推举并被认可为文化上的通用语。我知道，当下法语的使用人数排在英语、汉语、俄语之后，而且将法语列为官方语言的国家也少于英语。但是，兵在精而不在多……我并非意指法语更为优越，更为优美，或是词汇更为丰富，我认为法语在**语言沟通上**无出其右。这是一种"礼貌且诚实的语言"，一种优美且清晰的语言……②

卡翁达并不像桑戈尔那样是文辞上的语言专家，但作为

---

① 现如今的法国政权。——译注

② Senghor, "Negritude and the Concept of Universal Civilisation", *Presence Africaine* (Second Quarter, 1963), Vol. 18, No. 46, p. 10.

一名政治家和一个国家元首，他对英语的使用必然运用自如。桑戈尔是我为里斯讲座准备时采访的法语国家在位总统；卡翁达是我采访的英语国家在位总统。

我还采访了一位前总统，即乌干达的米尔顿·奥博特。语言因素在这里起到重要的作用。奥博特很慷慨地给了我大概 10 个小时的时间，我们讨论了一系列问题。不过，他的确切身份已完全受到英语的影响。如果不是他学会来自莎士比亚故乡的语言，他永远不会成为乌干达的总统，也不会根据《失乐园》作者的名字而改名为"米尔顿"·奥博特①。

同样，为了此次讲座，我还采访了非统组织秘书长埃德姆·科乔②。他会说英语和法语两种语言。但我们这里要探讨的是他担任非统组织秘书长的资格，除其他条件外，值得注意的是这一职位恰恰要求英语和法语的能力。泛非主义的工作举步维艰，如果秘书长不懂这两种语言，则会导致事倍功半。

我还采访了联合国非洲经济委员会负责人阿德巴约·阿德德吉③。阿德德吉是一位杰出的经济学家，但任何一种尼日利亚本土语言都不能使他获得经济学家的头衔。当代非洲

① 《失乐园》是英国政治家、学者约翰·弥尔顿的作品。与荷马的《荷马史诗》、但丁的《神曲》并称为西方三大诗歌。学界仅在特指约翰·弥尔顿时使用弥尔顿作为译名。——译注

② 埃德姆·科乔（Edem Kodjo, 1938—2020），多哥政治家。曾多次担任多哥总理，1978 年到 1983 年间担任非统组织秘书长。——译注

③ 阿德巴约·阿德德吉（Adebayo Adedeji, 1930—2018），尼日利亚经济学家。在西非国家经济共同体建立初期发挥了关键作用。1984年至 1991 年，担任非洲经济委员会执行秘书和副秘书长。

经济学领域的大家不可避免地使用欧洲语言，且通常是前殖民宗主国母语环境下培养的人才。

我还同那些信仰马克思主义的非洲知识分子就该讲座内容进行了探讨。就目前而言，对于一个非洲人来说，想要成为一个高水平的马克思主义者，同时又不被极大程度地西化，从社会语言学上来说是不可能的。这是因为马克思的作品以及关于这些作品的评论，除少数斯瓦希里语、阿姆哈拉语以及其他一两种重要本土语言版本外，很少有非洲本土语言版。

一个非洲人想要完全理解马克思的《资本论》，不仅必须掌握一种欧洲语言，还要对这门语言非常精通。即使是对那些通过在苏联学习而首次接触到马克思主义的非洲人而言，他们也是通过学习西欧的语言才得以留学苏联。没有一个非洲人是从自己的乡间小院走向苏联大学。这些青年男女首先通过小学和初中接触到西方的传统，然后到例如莫斯科的帕特里斯·卢蒙巴大学学习，期待有所作为。

正是基于这些原因，非洲的马克思主义者一开始不可避免地，甚至可以说，必然是西方教育和西方语言下的产物。

这实际上把我们引入文化在社会中的第五个功能，即文化是导致社会分化的基础。毋庸置疑的是，西方文化致使非洲社会的等级秩序被重新定义。

我在著作中有时将非洲的知识分子描述为受教育阶级。部分原因是我相信，无论卡尔·马克思如何定义 19 世纪欧洲阶级形成中经济因素的作用，20 世纪非洲阶级的形成主要是受西方教育的深刻影响造成的。我认为，在殖民主义的影响下，非洲社会分化的天然基础被改变。社会分化不再基于年龄，而是出现了基于文化程度的新社会地位。阶级的出现不是因为"谁能拥有什么"，而是变成了"谁知道什么"。这些知识可能确实只是流于表面，然而，从马克思的唯物主义和非洲传统上而言，殖民主义的影响扭曲了现实。帝国主义国家各个方面的文化为非洲人打开了个人威望的大门，随后成为获取财富的敲门砖。①

在决定谁是非洲统治者方面，有两种形式的知识尤为关键：非洲知识分子的学术知识和非洲武装部队的军事知识。知识分子的知识产生了一些接近于*精英统治*（meritocracy）的东西，军队的知识则产生了可称之为*军事统治*（militoc-racy）的东西②。在非洲的政治中，钟摆会在今年属于精英统治和明年政变之后出现军事统治之间摇摆。非洲的知识分子掌握着西方的语言和文学技艺；非洲的士兵试图掌握西方的军事技能。

举例来说，米尔顿·奥博特是一位非洲知识分子，1971年1月他的政权被一个叫伊迪·阿明的士兵推翻。在邻国坦桑尼亚，另一位非洲知识分子朱利叶斯·尼雷尔先是与阿明打了一场口水战，然后出兵将其赶下台。

然而，一开始是谁在乌干达接替了阿明政权？是一群高度西方化的知识分子和学者。实际上，伊迪·阿明下台后第

---

① This thesis is argued out more fully in Mazrui, *Political Values and the Educated Class in Africa* (London: Heinemann Educational Books; Berkeley and Los Angeles: University of California Press, 1978).

② 第二个词是马兹鲁伊根据词根自创的词。——译注

一位总统是一位西方风格的大学——马凯雷雷大学的前副校长。当这位副校长卢莱下台之后，他的继任者是英国皇家御用大律师戈弗雷·比奈萨①。阿明政权结束后，乌干达高层政治机构的其他成员包括一些刚刚从非洲其他地方或西方世界的大学争相回国的乌干达人。乌干达是在精英统治和军事统治之间摇摆不定的范例。

从这个角度来说，加纳的情况也是相近的。克瓦米·恩克鲁玛作为一位非常善于言辞的非洲知识分子，被军人们推翻了。当军政府倒台之后，一个名叫科菲·布西亚的学者继任。②他在 1972 年被军人推翻。这些军人在内部继续发动政变，直到 1979 年决定将权力交给文官。这些文官又回到非洲西化知识分子选择的老路上。前外交官希拉·利曼在总统选举中击败维克多·奥乌苏并当选总统。③选举发生时，军队正在执政。独立后的加纳发生了一系列最严重的政治暴行，三位前国家元首被军队随意处决。军队内部的紧张局势给恢复文官精英统治的前景投下阴影。然而，在非洲的两种政治选择框架背后是西方文化

① 戈弗雷·比奈萨（Godfrey Binaisa，1920—2010），乌干达政治家、律师。1979 年 6 月 20 日被任命为乌干达总统，1980 年大选时被米尔顿·奥博特击败。——译注

② 科菲·布西亚（Kofi Abrefa Busia，1913—1978），加纳政治家。1969 年到 1972 年任加纳总理。1972 年军事政变后流亡英国。——译注

③ 希拉·利曼（Hilla Limann，1934—1998），加纳外交官与政治家。1969 年任加纳驻多哥使馆二秘，后调任加纳常驻日内瓦使馆参赞。1979 年参与创建人民民族党，同年罗林斯发动军事政变，并决定恢复民选政府。利曼在当年大选中当选总统。1981 年，罗林斯再次发动政变推翻利曼政府。——译注

在作祟。要么是通过著作和言辞，诞生出像恩克鲁玛和布西亚这样的领导者，要么是通过军事，诞生出像阿昌庞①和"空军上尉"罗林斯②这样的领导人。西方文化再一次导致非洲的政治分化。

至于文化在生产与分配中的作用，我会在其他讲座中更加全面地阐释这些经济方面的问题。西方的生产和分配体系自带文化的含义。随着罐装水果和组装自行车等新行业的出现，消费模式发生了变化。新的技能可以通过西方跨国公司的活动进行传播。新兴工作反过来又使个人对于职业和财富的渴望有所改变。非洲发展中的城乡不协调迫使人们从农村地区迁往大城市中心地区，进一步改变了其文化生活模式。资本主义自身也对非洲传统友谊和集体生活的各方面加以侵蚀。货币经济产生了盈余累积和创建商业帝国的新野心。一种新的巫术已经施展，迷住了雄心勃勃之人，刺激了贪得无厌之人，诱惑了渴望财富之人。这种新的巫术是冰冷的外汇，可兑换的货币成为一种国际权力的形式。我们将在随后的讲座中再次探讨这些货币和经济问题。这里只是想强调，

---

① 阿昌庞（Ignatius Kutu Acheampong, 1931—1979），加纳军人与政治家。1958—1959 年在英国军官学校受训，并在英国驻联邦德国军中服役。回国后，1971 年担任阿克拉第 1 步兵旅旅长。1972 年发动政变，任国家元首。1979 年 7 月被当时的国防参谋长阿库福推翻，后获释。同年 6 月罗林斯发动政变，将其处决。——译注

② 罗林斯（Jerry John Rawlings, 1947—2020），加纳军事和政治领袖。1967 年 8 月参军，成为空军飞行员。1978 年晋升为空军上尉。1979 年发动军事政变，处决阿昌庞和阿库福等高级官员，将政权交给利曼政府。1981 年再次发动政变，推翻利曼文人政府后成为加纳总统，2001 年卸任。——译注

经济因素和生产过程是非洲被同化的一个基本方面，同化不仅意味着融入世界经济，还意味着融入西方文化。

最后，我们谈论文化在社会中的第七个功能：身份认同功能，即文化在一定条件下来定义"我们"是谁，"他们"是谁。

西方文化对非洲不同层次身份认同的影响并非总是有意为之。例如在尼日利亚，将几个说不同语言的族群纳入一个新的政治群体的过程，有助于在政治竞争的过程中强化族群身份意识，并创造新的区域性忠诚。一些学者认为，西方殖民主义所创造的并不仅仅是新的民族国家，还有"地方民族主义"的现象。非洲的一些群体直到最近才意识到他们是一个特定的族群。这一问题是由西方"部族保留地"政策和强调以族群角度范式审视导致的结果。

非洲与欧洲互动的产物还有种族意识问题。几个世纪以来，部分是由于欧洲的种族主义和文化上的傲慢，非洲不得不背负屈辱的十字架。这种屈辱在非洲人将自己视为一个黑人群体方面起到了一定作用。这种被加强的种族团结，使得解放者在南部非洲解放运动斗争中，相信可以得到非洲大陆其他地区的大力支持。

不过，种族意识既有其优势一面，也必然有其危害一面。在非洲近代史上，种族意识造成的悲剧包括 1972 年伊迪·阿明将亚裔商人驱逐出乌干达，以及在种族冲突爆发之后，无辜的传教士在南部非洲被杀害。

总体而言，西方的影响在非洲人中加深了三个最基本的身份认同，包括：首先，"部族"上的认同，这是由于不同的群体在西方划分的新领土上争夺稀缺资源导致；其次，民族国家上的认同，这是因为无论是称自己为尼日利亚人还是肯尼亚人，这都是殖民国家制造出来的国界；第三，种族上的认同，这或多或少是对过去几个世纪欧洲沙文主义和对非白人傲慢的回应。

但是，除了这三个层次——"部族"、民族和种族——的认同，可以说，甚至作为独立人格的个体身份认同也深受西方自由主义思想下个人主义和个人义务的影响。这种西方个人主义一部分在基督教，特别是新教的影响下出现。在上帝面前的个人义务观念，随着个人善恶之间的选择而愈发强烈，导致非洲出现新兴的个人主义力量。

西方自由主义本身"一人一票"的口号是与基督教并存的。这种口号强调无论是投票还是私人卧室，每个人都有隐私权和选择权。约翰·穆勒、托马斯·杰斐逊和让-雅克·卢梭的思想启发了非洲的自由学说，这其中包括从集体意义上的民族自决到个人意义上的个人自由。

在基督教和自由主义作为非洲人个人思想的源泉之后，城市化开始加剧。从农村到城市的迁移在某种程度上是一种从乡村集体生活的约束到城市生活的相对放任的过渡。

促使非洲产生个人主义的第四种力量是西方资本主义。我们已经提到了利润动机和私营企业等与行为和动机变化有关的概念。不过，自由企业制度是公司框架与私人持股的结合。在非洲经济体系中，这种对个人盈利的追求已然加剧。这反映出个人主义呈现增长的趋势，且这一趋势在逐渐加强。

生活的多个方面因此而发生改变。婚姻方面的个人主义体现在，婚姻是为爱情而不是为家族或宗教集体利益。"一人一妻"口号下的一夫一妻制，与"一人一票"的选举呼声相映成趣。货币经济导致娶妻变得更加昂贵，这不利于一夫多妻制。已婚职业妇女对自给自足的农业来说很适合，但不适用于都市的工厂劳作。

雇佣劳动在某种程度上也是以精确的货币形式奖励男子继续从事个体劳动。绝大多数时候，工作是以时间为衡量标准。当一个新来的农村"男孩"在城里找到第一份工作时，他需要花一点时间去理解这个程序。货币经济和钟表文化为个体努力引入了一种新颖且更加精确的衡量标准。

导致非洲产生个人主义的第五种力量是西式的教育原则和科学准则。在学校里，无论是找人代写论文，还是在考试中抄袭，都被视为一种作弊，也是对道义守则的严重违背。考试中的每个人都是被作为个体来评判。

到了更高教育层次上的博士论文，不仅要求具有个人特色，还要不乏原创性。作为一个独立的学者，博士候选人必须说一些别人没有说过的话。这种要求是个人主义走向疯狂的表现。

科学发现也被归功于像达尔文、爱因斯坦和其他小人物这样的个人。

然后是西方艺术的法则。剽窃被视为对个人和艺术最严重的指控。如果莎士比亚在 20 世纪进行创作，他很可能因为剽窃或盗用他人作品被一些出版商告上法庭。自莎士比亚的时代开始，西方世界的学术与创作规则就开始抛弃集体主义，转向比伊丽莎白时代更严格的个人主义。

不过，在非洲，口述传统仍然是代表一种集体智慧代代相传的例子。口头文学往往不会有固定作者：民谣和民间故事口口相传，并没有言明谁是创作者。那些来自鼓、笛子和木琴的曲调，同样无法追溯到是哪一位伟大的作曲家编排。

基督教、西式自由民主、城市化、西方资本主义、西方的科学准则和艺术法则，这五点共同对非洲个人身份的形成有着无可比拟的影响。

上述这五点导致非洲人开始发现自己是一个个体，一个黑人，一个现代非洲国家的公民，当然同时也是一个非洲大陆的居民。构成非洲人认同的原因，部分可归结于非洲人与欧洲文化之间有好有坏，甚至带有征服侵略性质的历史互动。

这就是文化在非洲社会中的七种功能，以及西方在精神上对非洲人进行文化渗透对这些功能所产生的影响。

对于第三世界国家而言，历史的教训是告诉它们未来要学会逐渐对西方世界进行反渗透。这就是我一直对文鲜明的统一教在美国传教感兴趣的原因之一。① 事实上，这种现象说明一个韩国人可以到西方世界的中心地带公然充当传教士。我关注此事多半源于此，并试图了解统一教。自 1975

---

① 文鲜明（문선명，Sun Myung Moon，1920—2012），韩国宗教人士。1920 年出生于朝鲜的一个农民家庭，1934 年随全家开始信奉基督教。1954 年在韩国创建世界基督教统一神灵协会，简称统一教。1974 年文鲜明到美国传教，宣称过去的一切革命、宗教和科学都无力改造世界，只有他的统一教才能做到这一点，要求其他宗教归于统一教。该教已被认定为邪教组织。——译注

年以来，我一直在参加科学统一国际大会（International Conferences on the Unity of the Sciences）。这个会议是由纽约国际文化基金所赞助的，部分资金就来源于文鲜明牧师。

许多美国家长对他们的孩子转投统一教感到愤怒。我可以理解那些视宗教领袖为敌人的父母的感受。我相信我也会嫉妒这样一个宗教领袖，他威胁到我作为家长的权威。我自己有三个儿子，不过我也碰巧是一个非洲人，我知道如果我仍然生活在非洲，我的儿子们也会同样被传教士的花言巧语所吸引。不过在非洲唯一的区别是，传教士可能是西方人，隶属于早已成立的循道公会或天主教。统一教在美国的传教活动和天主教、循道公会或圣公会在非洲的传教活动有什么不同呢？文鲜明牧师采取的严格教律，与扎伊尔或上沃尔特的基督教对非洲儿童施加的严格律法又有什么不同？

事实上，作为一个非洲人，我不由得敬佩韩国人，因为他们让美国人尝到了以其人之道还治其人之身的苦头。韩国的国家情报院①对一些美国政治家做了美国中央情报局一直对第三世界政治家做的事情：收买他们，贿赂他们，颠覆他们或威胁他们。我个人感到高兴的是，韩国的"中央情报局"已经开始暗暗教导美国人学习修改后的黄金法则，"己所不欲，勿施于人"。

我将会在随后的讲座中详细解释，我赞成对西方的权力

---

① 韩国 1961 年仿照美国中央情报局建立的韩国情报及国家安全机关。——译注

堡垒进行**反渗透**（counterpenetrating）。经济上，当欧佩克购买西方主要产业的股票时就可以做到反渗透。学术上，当来自第三世界的老师开始像西方教师一直以来试图影响非洲和亚洲青年的思想一样教导和影响西方学生时，就可以为反渗透作出贡献。宗教上，当来自亚洲和非洲的传教士开始在西方国家传教时，同样也为反渗透添砖加瓦。尽管文鲜明牧师有诸多问题，但他可能是深入西方基督教堡垒的宗教反渗透先锋。

反对西方宗教亚文化和文化霸权是长期的斗争。非洲和西方要做到相互依存，不单单需要经济条件，它还需要一种文化上的改变。西方世界必须向一种新的范式过渡，朝着文化谦逊的方式转变，准备好迎接外在世界的影响，同时心甘情愿地来构建一个更加平衡的国际文化新秩序。

第四讲
不发达地区的重担

直到 20 世纪 70 年代,"穷国"和"不发达国家"这两个词的概念差不多是可以互换的。像南也门或坦桑尼亚这样的国家既贫穷又不发达。[1]

然而,石油大国的出现打破了这个简单的等式。事实上,所有的第三世界国家在技术上仍然是不发达的,但其中只有一部分国家属于贫穷的行列。南也门和坦桑尼亚仍然是旧等式的很好例证,它们既贫穷又不发达。但在 20 世纪 70 年代,我们已经很难将沙特阿拉伯视为一个贫穷的国家。相反,它是世界上石油财富和美元储备最多的国家之一,即使仍处在最不发达国家的行列。

沙特作为一个国家的情况是这样,但非洲大陆的情况也基本如此。就资源而言,非洲是世界上资源最丰富的地区之一,但它仍然是有人居住的大陆中最不发达的。这就是"技术落后的病理"。

一个相关的悖论是,如按照非洲大陆每个群体人均来计算,最富裕的非洲居民是非非洲人,最贫穷的是非洲本土人。这就是南部非洲白人生活水平最高的原因之一。

---

[1] 直到 1990 年,南北也门才统一为也门共和国。——译注

在非洲大陆上有富裕的白人，当然也有富裕的黑人。但是，我们会再次发现，相较于黑人的数量，非洲大陆人均白人百万富翁的比例要高于黑人百万富翁的比例。这就是"分配不均的病理"。

第三个与之相关的悖论是，如前文所述，虽然整个非洲大陆资源富饶，却穷国四散，这其中包括了世界上绝大多数最贫穷的国家。这里的悖论在于，一个富裕的大陆包含许多贫困的社会。这就是"碎片化经济的病理"。

让我们来审视这个悖论——富饶的非洲却居住着贫困的非洲人。

对非洲资源的统计总体上是预估性的。虽然对地下资源的勘探进行得还不够充分，但可以负责任地说，非洲占非共产主义阵营96%的钻石、60%的黄金、42%的钴、34%的铝土和28%的铀。

非洲的铁矿石储量可能是美国的两倍，并拥有迄今为止苏联以外最丰富的铬储量。

在20世纪70年代，美国98%的锰一直从国外进口，其中近半数来自非洲。

随着中东供应商的政治不确定性提升，西方对非洲石油的兴趣也大大增加。如果尼日利亚在1973年加入了阿拉伯国家对美国的石油禁运，美国将遭受严重的后果。1974年，即禁运后的第二年，美国对尼日利亚的国际收支赤字已经达到30亿美元。两年后这一数字上升到50亿美元。就目前而言，美国仍然严重依赖尼日利亚的石油。

接下来要谈的是非洲的农业潜力。苏丹共和国是非洲国土面积最大的国家，在本世纪末之前很可能发展成为非洲部分地区和中东地区的主要粮仓。灌溉效率的有效提升将有助于充分利用该地区优质的土壤肥力。

在水资源方面，非洲拥有世界上几大最长河流，建造水坝和生产水电的潜力才刚刚开始被开发。

用于家庭和公共的太阳能尚处于起步阶段。不过，我们需要了解的是，非洲是所有大陆中受阳光直射最多的大陆。赤道从中间穿过非洲。非洲是唯一同时被北回归线和南回归线穿过的大陆。在非洲，开发技术一旦变得成熟，太阳能很可能成为另一种重要的能源。

非洲的铀矿可能比目前估计的还要多。最近开发成为铀生产国的是尼日尔，它以前是法国的殖民地。

即便在非洲矿产、农业和其他资源如此丰富的背景下，一个令人不安的事实是，一些世界上最不发达的国家也在非洲。联合国认定世界上"最贫穷"的国家中，绝大多数实际上就是在非洲——从上沃尔特到卢旺达和布隆迪，从索马里到坦桑尼亚。

这是一个看似拥有丰富资源，却同样拥有着过多营养不良、贫困潦倒居民的大陆。富在资源，穷在百姓本身就是一种不正常的不发达状况。

一个主要原因在于非洲与西方世界在历史不同时期经济互动的本质。贸易是最为古老的经济互动方式，外国投资则相对较新。欧洲和非洲之间的贸易可以追溯到奴隶贸易和枪支贩运，以及后来的初级商品净出口。

非洲农业的潜力很早就被人意识到，但却未能得到充分

利用。正如一位西方历史学家在 1879 年所说的那样，非洲拥有

> 数百万平方英里的肥沃土地，其中一些看起来既广阔又像公园；另一些则覆盖着大片森林，可生产珍贵木材，但在那里从不闻樵夫的笃笃斧声。这是一片只需农耕就不愁吃穿的土地。①

但是，肥沃土地上却时常伴随着对于欧洲人，乃至当地人都恶劣的气候。蚊子和苍蝇会让这些人付出惨重代价。

直到 19 世纪的最后 25 年，一种潜在的新财富资源才被予以重视。正如同一位历史学家写道：

> 1875 年在南非发现的钻石，表明非洲也可以出现意外之财。这为塞缪尔·珀切斯②两百多年前的至理名言赋予了新的含义："然阿非利加自有稀世之珍，难以置信之事亦可为真矣。"③

不过，事实上半个多世纪以来，英国大部分的投资都流

---

① Cited by Robin Hallett，"Changing European attitudes to Africa"，in John E. Flint（ed.）*Cambridge History of Africa*，Vol. 5（Cambridge：Cambridge University Press，1977），p. 486.

② 塞缪尔·珀切斯（Samuel Purchas，1575—1626），英国地理学家。他搜集、编译欧洲国家旅行家的游记，成《珀切斯游记》一书。——译注

③ Ibid, p. 487.

向了南非。截至 1936 年，南非获得了非洲外部资本流入总额的近一半。在非洲其他地区，绝大多数尚处于基础设施投资的初步发展阶段。

1890 年至 1914 年可能是非洲铁路建设活动最为活跃的时期。一些已建成的铁路线在当时没有直接效果，却成为对未来的一项投资。从肯尼亚的蒙巴萨到东非腹地大湖区的铁路线建于 1896 年到 1901 年之间。当时，人们普遍认为这是一项疯狂的冒险，在黑暗的大陆上华而不实、前景黯淡。事实上，这条铁路线对肯尼亚和乌干达的帮助非常大。当时，西方社会对开罗—开普敦铁路建设的可能性进行了大量讨论。不幸的是，这一横贯大陆的梦想并未实现。

在随后的时间里，欧洲人还对非洲的能源进行了投资。非洲可能拥有世界上近 30% 的水电潜力。特别是在第二次世界大战之后，欧洲人为开发这些储备惊人的资源采取了一系列行动。欧文瀑布水坝建于横跨乌干达的尼罗河上，提供的电力足以够乌干达自身以及肯尼亚约三分之一的人使用。加纳沃尔特河的项目后来与铝的冶炼结合在一起，纵使加纳有其他的经济难题，该项目也可以成为加纳进一步发展的根基之一。

第二次世界大战是非洲经济发展中的一个重要分水岭。人们通常认为，这场战争肯定有助于非洲的政治解放。一方面，战争确实削弱了西欧维持帝国主义的能力。在战争结束时，英国已经精疲力竭，并陷入了严重的经济问题。法国向德国投降，蒙受屈辱。

在西欧国家自相残杀战争的背后，非洲的觉醒不仅仅与欧洲国家陷入瘫痪和贫困有关，更重要的是，欧洲在殖民地人民眼中不可战胜的神话被摧毁。突然间，有人在孟买注意到，现代技术竟是皇帝的新衣——英国王室是赤裸的！当印度人开始指责并揭露他们赤裸的皇帝时，其他地方的臣民也看到了这一点。这就是印度在挑战英国统治方面开创先例，成为许多非洲民族主义者重要灵感来源的原因之一。

从个人层面上来说，这场战争也让非洲人眼中的白人变得渺小。在此之前，殖民地上出现两种恢复人性的进程。被殖民的非洲人之所以不被视之为人，部分原因是他们被欧洲人视作魔鬼与猴子的结合。当非洲人经常被当作小孩一样看时，他们也就不再被视作成年人。20世纪40年代，我在蒙巴萨长大，那里的电影审查员认为一些电影"不适合非洲人和16岁以下儿童观看"。由于蒙巴萨是种族混杂的社会，许多阿拉伯人看起来像非洲人，在蒙巴萨的帝王影院门口有两种测试身份的方式。所以，一个想看某部电影的非洲人可以尝试说服售票员他真的是一个阿拉伯人；此外，一个想看电影的15岁少年必须让售票员相信他确实年满16岁。由于战争的洗礼，非洲士兵在战争中是作为一个勇敢且坚定的男人去战斗。所以，将非洲人视为孩童的偏见有所减弱。

另一方面，欧洲人被描绘成绝对的成年人和超人类。所以说，在非洲战友的心目中，这场战争又使得欧洲人恢复人性。他们在非洲之角、在北非、在马来亚等其他地方并肩作战。亲眼目睹白人被炮火吓得半死，对非洲人而言是一种启示。在这之前，他们只看到白人作为殖民精英傲慢的指挥姿态。

因此，非洲人的形象由魔鬼、猴子和孩童升格为具有人性，白人的形象则从超人、天使和众神降格到只有人性。

第二次世界大战的第三个影响是提升了人们的社会和政治视野。这里的人不单单是指那些参加过战争的退伍军人，还有许多留守在后方的非洲人。在战争期间，通过收听广播了解海外战争资讯的想法广泛兴起。乡镇上的非洲人从言语间就可以判断他是亲英还是亲德。很抱歉，我父亲是亲英派。① 我记得他曾经和他的朋友们在轻松的气氛下就海外战争新闻及其对于亲英派或亲德派而言是好消息还是坏消息而长时间地进行争辩。当时我还是个孩子，非常喜欢听他们之间的交流。很显然，大人们把欧洲的军事斗争视为一场足球比赛，非洲人则把赌注押在这两个欧洲交战大国身上。我们知道，德国在东非曾统治过坦噶尼喀、卢旺达和布隆迪，英国在东非也统治着乌干达和肯尼亚。这两个彼此交战的殖民和前殖民大国是给非洲带来不幸的主人，却也被娱乐般地视作足球死敌。

我父亲和他朋友间关于战争进展的辩论，就仿佛商讨一场足球比赛进展一样，但这却使他们增加了对国际事务的兴趣，扩大了他们的视野。对于整个非洲大陆的数百万非洲人来说，第二次世界大战是一次重要的国际化经历。在战争结束时，许多非洲人已经准备好为自由和独立而奋斗。

第二次世界大战对非洲而言也是一种解放，因为在战争

---

① 马兹鲁伊的父亲是一名德高望重的伊斯兰法专家，信仰伊斯兰教。马兹鲁伊认为穆斯林去支持基督教国家是宗教上的罪过。——译注

结束后，世界权力的顶峰不再是西欧，而是在华盛顿和莫斯科之间角逐。两个超级大国至少在某种意义上而言都有反帝国主义的传统，尽管这两个超级大国也犯有其他形式的帝国主义罪行。很显然，苏联的崛起和美国在二战后的大国地位同时给欧洲大国带来双重压力，迫使它们向争取独立的非洲民族主义者做出让步。西方对苏联的恐惧有时会延缓非洲解放的步伐，但最终却加快了这一进程。西方人认为，趁着还有时间，让温和的非洲人获得独立是一个避免非洲人进一步激进化，导致转向苏联阵营，继而产生威胁的好主意。

尽管第二次世界大战在我们所提到的意义上确实在政治上解放了非洲人，但这场战争也是将非洲纳入世界资本主义体系的一个重要的分水岭。为了满足战争中的物资需求，非洲的农业部分被改造以用于生产战时欧洲急需的原材料和食品。后来随着战事减少，对非洲生产货物的需求下降，非洲的一些地方出现了严重的经济萧条。此时，非洲农业的结构已经进入了出口为主的新阶段，而这一趋势自此开始有增无减。

殖民国家在战后发起的一些非洲发展计划最终以失败告终。其中最惨痛的失败之一当属坦噶尼喀的花生种植计划。该计划设想大规模发展花生种植，被认为是非洲和欧洲之间相互依存的合理战略。该计划旨在帮助欧洲得到食用油，同时促进非洲的发展。其结果是，该计划构思不周，选址不当，英国当局的实践堪称灾难。

然而，从总体上来说，非洲农业的发展以满足欧洲需求为前提的原则并未打破。二战使得该原则进一步加强。

二战使非洲的经济依赖性进一步加强的另一种方式是，将殖民政策从维护非洲律法和秩序的道德观（Pax Britannica）转变为谋求殖民地发展和人民福祉的新帝国主义道德观。[①] 作为新帝国愿景的组成部分，英国创建了殖民地开发与福利基金。阻止非洲人相互争斗是不够的；控制不同社区与部族间的抢牛事件是不够的；为了维持英国强权下的和平而杀一儆百是不够的；借法律和秩序的名义行事是不够的；帝国主义的力量代表一种信任，其内涵是君权民授。

当然，这一帝国愿景的出现比第二次世界大战要早得多。它甚至在鲁迪亚德·吉卜林臭名昭著的诗歌《白人的负担》中得到明确体现，该诗于 1899 年 2 月 4 日首次发表在《泰晤士报》上。

> 要担负起白人的负担，
>
> 派遣你最优秀的子孙。
>
> 捆住子女将他们放逐，
>
> 去为你们的俘虏服务。
>
> 让其背负沉重之缰绳，
>
> 侍候躁动不安之野人。
>
> 被捕获新人郁郁寡欢，
>
> 其半为魔鬼半为童孩。

---

① 英国在殖民地采取的政策是间接统治，即通过当地的制度进行统治。作为英帝国殖民的辩解，其政策从道德上自称是对非洲当地政策的维护，使之维持一个完整的传统社会。马兹鲁伊称之为"英国强权下的和平"（Pax Britannica）。——译注

......

要担负起白人的责任，

和平的战争不惧凶残。

去填满那饥饿的大嘴，

不会再有疾病的蔓延。

......

要担负起白人的重担，

不是摆出君王的威严。

用奴仆般一样的辛勤，

去做一些平凡的事情。

你将不进入避风港湾，

你将不踏上平坦大道。

你活着要为他们奋斗，

你死后将被他们祭奠。

在这首诗中，为殖民地发展服务的宗旨显然非常明确。但总的来说，直到第二次世界大战期间，发展才真正开始成为殖民政策的一项主要任务。农村发展的新项目得到了更系统的实践，教育政策的变化趋势也日益突显。实际上，撒哈拉以南非洲的所有重点大学都是在第二次世界大战结束之后建立的，其中很多是为了响应殖民政策中关于新发展的要求。

但是，这些发展的推动力本身就是将非洲进一步推向西方资本主义。殖民地开发与福利基金用自己的方式，促使非洲陷入对西方经济的依赖和对西方文化的模仿。

非洲发展史上重要的倾向包括：第一，我们刚才提到的农业生产偏重于出口。经济作物出口优先于为当地人提供粮食。在一些比较肥沃的殖民地，占总耕地面积四分之一到三分之一的土地用于生产出口的经济作物，如加纳的可可、乌干达的咖啡、塞内加尔和冈比亚的花生、坦噶尼喀的除虫菊和肯尼亚的茶叶。

非洲发展过程中出现的第二个倾向是过于重视城市。许多内部经济变革使农村的需求服从于城镇。其结果是农村地区大量人口向城市中心转移。可居住性的危机将扼住农村人命运的喉咙。农村的年轻人稍微挣扎一下，就放下农具，踏上了前往首都那未知命运的道路。

对于每个非洲国家而言，第三个倾向是次级区域的过度发展。该国的一些地区就是比其他地区发达得多。这种不均衡发展同样会产生问题。例如，乌干达的布干达次级区域比其周边地区更发达，这虽然让布干达赢得更多筹码，却也使其遭受该国其他地区的骂名。布干达的人口不到乌干达的五分之一，却掌握着整个国家的政治和经济命运，并发挥着超地区性的影响力。当下，布干达的存在对于乌干达政权统治而言食之无味，弃之可惜。乌干达政局长期的不稳定，一部分原因是内部族群之间相互倾轧，另一部分原因则是不同地区和群体之间发展不平衡。

非洲发展史上的第四个倾向，发生在非洲大陆白人不管时间长短曾有效控制的地区。1938年，投资于非洲的12.22亿英镑的资本中，有不少于5.55亿英镑是从外部投资到南非的，还有1.02亿英镑被用于投资罗得西亚。这些在白人定居者控制下的国家在非洲大陆自己的地区获得了相当大的经济实力，并对其邻国产生影响力。罗得西亚的经济影响力覆盖到赞比亚、马拉维、博茨瓦纳和莫桑比克。

在肯尼亚还是殖民地的时候，就对坦噶尼喀、乌干达和桑给巴尔等邻国施加了相当大的经济影响。南非现在基本上是南部非洲次大陆的一个大国，在收买朋友或化解敌人方面具有很强的操作空间。

非洲发展史上的第五个倾向则是老生常谈的资本主义。从某种意义上来说，我们确实在阐述非洲近代经济中的资本主义倾向：将国际贸易和资本流动结构纳入国家当中，相信市场力量的功效，推崇利润动机和私营企业，不相信国家在经济中的举措，以及对外国投资的发展价值持乐观态度。

非洲经济变革历史上的这五个发展倾向，使非洲大陆陷入一种发展迟缓的矛盾：一个拥有丰富矿产资源和农业潜力的大陆，却也同时是一个在联合国看来由世界上最贫穷国家组成的大陆。

由此产生的问题是，要如何帮助非洲超越这种发展迟缓的困境？非洲能在实现现代化的道路上不继续西化吗？

我认为，现代化的定义是人类在现阶段知识基础上与时俱进，公平对待作为具有创新性的社会存在的个人。

如果一个社会并不考虑当下的知识、科学和学术水平，这就是一个前现代化的社会。

如果一个社会压制创新能力，坚持祖宗之法不可变，这就是一个前现代化的社会。

如果一个社会过于狭隘地解释人作为社会存在的概念，将社会忠诚度局限于氏族、地方民族，甚至只是国家，背弃了人类同胞的外部世界，这就是一个前现代化的社会。

如果现代性可以通过对当今最尖端知识的反馈、鼓励创新和延伸社会认同这三个基本原则来定义，那么，显然可以通过不同的道路通往现代性的大门。

对于第三世界国家来说，实现现代化且非西化的最佳途径是，一方面采用我提到的那三项现代性原则，另一方面推行非殖民化和减少依附性的策略。我们所需要的是同时进行现代化和非殖民化的双重努力——这是一种使现代性非殖民化的努力。

鉴于发展现代化这三个原则，我们如何将该原则与非殖民化和解放的策略结合起来？

我个人建议七种解放策略。第一项策略在某种程度上已经开始实施，这就是人员的本土化策略。行政、管理、文秘人员及类似职务人员的非洲化方案已经开始实施。对本土人力资源的利用无疑是一个重点。在南部非洲不同经济活动领域尽可能地使用本地职工，将会揭示基于种族经济体系的致命弱点，从根基上推倒这一体系。但在非洲其他地方，却存在着另一种危险：人员的本土化仅仅是装点门面。表面上用黑人的面孔代替白人的面孔，但实质同样维持着一种依赖和扭曲的体系。

尽管存在这样那样的问题，把加强本土化作为第一项策略还是很有必要的。

本土化策略的另一层面是需要进一步开发本土资源，而不是选择过度依赖进口。例如，尽可能地利用水电，或者可以减少对进口煤炭或石油的依赖。

另外还有一点，需要更多地利用本土技术和传统知识。

争取更简单的技术形式是减少对外界先进技术依赖的一种方法。近来，人们甚至开始对非洲传统医学感兴趣，特别是对一些用于治疗的草药。经验是殖民前非洲医生和药师最好的老师。其中一些草药在现代化学的分析下，提供了关于其药用价值的重要信息。

就整个非洲经济而言，试图将主要行业和公司的控制权和决策权本土化，进展也有点缓慢。尼日利亚在20世纪70年代就已经朝着这个方向发展了。实际上，非洲许多地区都是本地人掌控自己的经济命脉，但在科特迪瓦，该领域仍然过度依赖法国技术人员和顾问。

我提出的第二项非依附性策略是归化策略。与本土化策略不同，归化强调的是使外国的资源与非洲的情况更适配，更密切。例如，当下非洲的大学基本上是由一个外国机构主办，传播国外的文化和技术，建立国外的学术体系，甚至向学生和未来教师提前灌输外国的意识形态。非洲大学的归化策略将使之更符合非洲本土的需求，并在大学中建立本土知识体系。在马凯雷雷大学教授非洲历史而不是英帝国历史，是历史系归化策略的一次小范围尝试。

从概念上而言，内罗毕的议会是一个外国机构。它表面上拥有威斯敏斯特议会①的一切，但其内核却缺乏传统和权威的印记。肯尼亚的预算日和威斯敏斯特的预算日十分类似②，肯尼亚财政大臣同样携带一个黑色公文包。议长穿的礼服让

---

① 威斯敏斯特是英国议会的所在地。——译注
② 预算日是英国及其他一些国家的政府正式向议会提交下一年预算的日子。——译注

人联想到英国下议院的议长。在独立后的十多年里，肯尼亚国民议会的讨论完全采用英语。

当已故总统肯雅塔下令肯尼亚议会的审议工作从 1974 年开始使用斯瓦希里语时，这是肯尼亚议会机构归化的一个重要转变。不正常的情况仍然存在。议会辩论的语言确实是斯瓦希里语，但提交给议会的条文却用英语表述。当宪法在法庭上被解释时，它的官方语言是英语，但国家政治事务中基本上采用斯瓦希里语。使借鉴自外部自由民主传统的政治制度斯瓦希里化，是该制度发展的必由之路。

经济上的归化策略则以减少对外出口为导向，重视国内食品和其他方面的需求。

有时，强调劳动密集型而不是资本密集型技术，本身就是一种生产、分配、通信和交换技术的归化形式。劳动密集型技术是现代性民主化的一种形式，使越来越多的人参与到现代生产过程中，并充分利用非洲最贫穷国家中的一项主要资源——人力资源。

我的第三项非依附性策略是多元化策略。我之所以坚持这一主张，是基于在一些情况下，一个人的上司越多反而越自由。如果一个人只被一种力量所拥有和控制，自由往往特别受限。但是，如果非洲社会可以孕育出一个以上具有竞争力量的霸权时，非洲就有可能获得解放。依附两个超级力量，特别是当这两个超级力量之间存在竞争时，可以使二者鹬蚌相争，自己渔翁得利。

因此，第二点是非洲社会必须使其贸易伙伴多元化，有时甚至是成倍增加。这可能也要求非洲人自己商品的多样化，避免走向过度依赖个别种类商品的困境。

第三，需要使非洲投资者的身份多元化。非洲法语国家往往过分专注于加强来自法国的投资。从这方面来说，非洲法语国家受到的限制比非洲英语国家更多。对于非洲英语国家而言，他们的投资方已经超越英国一个国家，有更多潜在的新西方投资者来对其进行投资。

第四，选择多元化的援助方。许多援助方坚持在援助方和受援方之间提供双边援助，但新兴的援助机构已经成长起来，如阿拉伯非洲经济发展银行。事实上，欧佩克中出现石油资源丰富的成员，使非洲国家潜在援助方的多样化开始出现质的飞跃。就国民生产总值而言，欧佩克国家提供的援助比例高于西方国家，但欧佩克国家经济受到石油价格波动的影响。尽管如此，欧佩克作为新兴力量不断增长，在20世纪70年代成为一种最重要和最健康的发展模式。关于这个问题，我将在后文阐述。

非洲还需要探索其他领域的多元化，包括让自己受到比现在更广泛的外国文化影响。与受到从加拿大到印度、从德国到中国、从日本到苏联的各种影响相比，只受西方文化影响会加深非洲的依附性。

在意识形态方面，非洲也需要使其选择多元化。封闭的意识形态系统使非洲人在精神和学识方面存在长期的依附性。非洲社会应该足够开放，让意识形态力量相互竞争。这样，西方的个人主义、马克思主义的阶级观念、甘地的妥协思想以及支撑非洲文化本身的本土价值观，都可以在思想的自由市场上得到释放。

我的第四项非依附性策略，用我自创的术语来说，是横向相互渗透策略。在这里，我意指发展中国家自身在贸易、投资、援助和其他形式的接触中相互渗透的能力。到目前为止，世界上的大部分贸易都是在北半球富裕的工业化国家之间进行（北北贸易）；其次是北半球和第三世界发展中国家之间的经济互动（南北贸易等）；再次是发展中国家之间的贸易和投资以及援助（南南经济互动）。

现在需要的是非洲国家之间以及非洲国家与亚洲、拉丁美洲国家之间加强合作、联系与互动。横向相互渗透的案例包括埃及与印度向其他发展中国家的人力输出，阿拉伯世界对非洲和亚洲国家的援助，以及古巴对安哥拉、埃塞俄比亚和其他非洲国家的军事援助。所有这些案例都表明一个第三世界国家的资源被用于特定目的以满足另一个第三世界国家的需求。从整体策略而言，加快这一趋势是反对依附性斗争的一个重要方面。

按照我之前的说法，我的第五项非依附性策略是垂直反渗透权力中枢策略。这一策略的目的是增加第三世界在发达工业国经济中的份额，从而加强第三世界对这些国家在经济上的影响力。反渗透的开端在于心理上的发现，即第三世界国家的资源不一定只是依赖西方世界的基础，而是可以转化为控制西方世界的力量。几十年来，中东的石油成为他们被他人控制的一个原因。然后一些国家建立了名为欧佩克（石油输出国组织）的生产垄断组织，不久之后，曾使其拥有者被征服的资源变成了拥有者的武器，可以用来对付曾经统治他们的帝国主义势力。

当然，就其用于对抗工业国的潜在力量而言，石油是一个例外。但我的判断仍然是正确的，即第三世界对北半球的反渗透精神，必须从第三世界国家重新评估如何最充分地利用自己的资源，来最大限度地发挥国际影响力开始。至少同样重要的是，包括欧佩克成员国在内的第三世界国家，需要保持团结意识以对抗工业国。

当欧佩克成员投资或购买德国克虏伯工业的股票，当科威特寻求奔驰汽车的部分利润，当沙特王子在伦敦或加利福尼亚投资房地产，当尼日利亚的资金被谨慎地存放在西方银行时，我自己并没有感觉不安。所有这些都是反渗透的案例。

如果尼日利亚没有发现石油是可以促成西方对南部非洲采取开明政策的武器，如果尼日利亚没有因此反渗透到西方经济中，拉各斯就不会对西方的决策产生如此大影响。

因此，我不同意那些第三世界学者和分析家所认为的第三世界国家应该完全脱离国际资本主义体系的观点。现在脱离已经太晚了。北方工业化国家挟持着地球，通过污染和其他形式的生态破坏逐渐摧毁这个世界。或者工业化国家可以通过不分青红皂白和不顾一切地消耗资源来使世界变得贫穷。但在所有危险中最可怕的是，工业化国家可能在核屠杀中毁灭世界。

鉴于工业化国家现在有能力将整个地球挟为人质，他们要么满足其工业化的骄奢淫逸，要么为相互间灾难性的战争做准备。第三世界国家根本无法承受退出这个体系的后果。第三世界国家必须继续留在这个体系中，但要寻求能够使他们对北方国家产生更大影响力的契机。

这就是为什么说，当第三世界对北半球经济战略的影响越来越大时，如果我们现在中断这一进程，将是相当不负责任的。欧佩克使第三世界取得的成果，决不能由于一时的放弃和退却情绪而被抛弃。

我的第六项策略是第三世界国家实行国内紧缩的政策。在消费模式方面应该更加谨慎，在进口奢侈品方面应该更加克制。

第三世界国家必须缩小精英和大众之间的差距，对收入分配进行调整，并在适当情况下进行土地改革。

不过，这种紧缩政策并不意味着阻碍人们满足基本需求。应尽力满足最低限度的营养水平、最低限度的医疗保健、最低限度的儿童受教育机会等。每个发展中国家最终应该朝着规训、克制和紧缩的方向努力。这往往说起来容易做起来难，但坦桑尼亚、索马里、莫桑比克和几内亚比绍等地已经开始进行尝试。

我的第七项非依附性策略是暂时提倡北方奢侈的过渡性策略。在不久的将来，如果美国及其盟国成功地大幅削减石油消费，对第三世界国家来说将是灾难性的。一个在石油方面自给自足的美国是一个毫不在意外部压力的美国。事实上，美国联邦政府一直在敦促美国人节约使用石油，部分原因是这将使美国免受外部压力。

但是，美国自身却对其他国家施加了各种外部压力。世界上真正的相互依存关系需要彼此钳制对方。如果北方工业化国家仅仅通过比前一年少喝咖啡，或者在这十年中比上个十年少用铜，就能对第三世界社会的经济造成破坏，那么南方国家也必须发现对工业化国家施加压力的方法。必须不惜一切代价防止发达国家在石油消费中占据主动权。

英国哲学家伯特兰·罗素曾经说过，文明是在追求奢侈品的过程中诞生的。罗素可能会补充说，文明的衰落有时是出于对过度奢侈的追求。目前美国对石油消费的奢侈程度，甚至整个西欧异常高的生活水平，可能已经达到了过度奢侈的阶段。西方文明的衰落很可能就在眼前。这样的衰落符合人类的利益，使人们损有余以补不足，以达到共享人类历史发展的进程。

当然，我并不是指西方文明的完全崩溃。这对人类来说也是灾难性的。因为西方文明加强了人类对自然的控制，丰富了人类自身的创造和发明能力，并加深了人类在知识和精神层面上对终极意义的理解。

西方的生产技术将纺车变为计算机作业；西方的军事技术将弓箭变成中子弹；西方的通信技术将烟雾信号变作电子和卫星传媒。

然而，这些成就也有其代价和扭曲之处。以民用工厂为标志的生产技术对自然宣战。从污染河流、湖泊和海洋到对臭氧层产生威胁，北方工业化国家肆无忌惮地耗费资源，破坏环境。

如果说生产技术是向自然界宣战，那么西方的军事技术则不可避免地是向人类宣战。军备竞赛和北方工业化国家之间的竞争在破坏性上已经达到了新的高度。对新的毁灭形式的摸索，使苏联和西方的科学家们不断处于兴奋的竞争状态，以探求在未来毁灭苍生的终极秘密。

从电子媒体到书籍出版的传播技术，已时不时地向终极价值观宣战。人类的侵略性和对暴力的享受，在电影和电视的滥用下被加剧。

对贪婪和索求无度的抑制已经被资本主义的精神所破坏，因为它通过自己的传媒工具进行过度传播。

人类天生的情欲弱点有时被西方传播技术肆无忌惮地利用，性冲动的神圣性遭到破坏。

西方的传播技术有时会让非洲人民对于相互之间的道德互惠产生怀疑。西方文化已经侵蚀了非洲乡村生活和习俗中的一些集体责任制原则。

最后一点，西方的传播技术往往扭曲了不同社会之间的信息和认知的平衡。这就是所谓的信息差：尼日利亚人对赞比亚人的了解往往来自西方新闻机构和媒体；我对印度目前发生情况的了解，也是来自英国广播公司和《纽约时报》。第三世界国家会感觉一直处于北方的监督之下，他们被窥视、被观察、被分析，有时还被这些媒体大肆地操纵。反之，第三世界的媒体对北半球的新闻和流言中心却缺乏反渗透。

鉴于西方世界和苏联阵营允许生产技术向自然和环境宣战，允许军事技术向人类宣战，允许传播技术向终极价值观宣战，北半球文明的些许衰落是建立一个真正国际新秩序的必要前提。毕竟，老式的领土殖民化之所以能够实现，是因为西方掌控了军事的手段。正如英国诗人希莱尔·贝洛克所

说的那样：①

> 世间万难或为我所有，
>
> 马克沁枪会让他独愁。

一种较为新颖的经济帝国主义是由那些控制生产资料的人实施的，他们有时通过跨国公司行事，其势力遍及世界不同地区。

至于文化帝国主义，则是为那些掌握传播手段的人量身打造的。从《时代》杂志到牛仔电影，从英国广播公司到非洲大学的访问教授，他们无孔不入。

正如我们所指出的，非洲和其他第三世界国家退出世界资本主义体系，就意味着放弃对地球大家庭的责任。因此，第三世界国家必须作为一个整体对北方国家说："让我们就在地球上共存的条件重新谈判，让我们签署一项全球性条约。这样有助于在人与人之间，社会与社会之间，确立更大的经济正义与社会正义。"由于西方的发明创造，技术的时钟已经过了整点，敲响暗藏毁灭的不祥之音。更为重要的是，这是一个闹钟，响声不绝于耳。"女士们，先生们，现在是时候醒来了。"在新的曙光下，非洲的穷人和谦卑之士或许不会成为地球的主人，但我希望，他们最终可以主宰自己的大陆。

---

① 希莱尔·贝洛克（Hilaire Belloc, 1870—1953），英国诗人、史学家和散文家，当过编辑，第一次世界大战期间为报刊撰写军事评论，因笔调犀利而出名。他的历史著作往往以强调宗教为特点，其著作包括《欧洲和信仰》、四卷本《英国史》等。——译注

第五讲
身份模式

在探讨这一讲所要说的矛盾时，我很想借用乔纳森·斯威夫特讽刺小说《格列佛游记》中的一个比喻。从面积上看，非洲是大到足以容纳乔纳森·斯威夫特笔下的大人国布罗卜丁奈格的大陆，但事实上，该大陆居住的都是利立浦特这样的小人。我们都知道，大人国是一个居民像尖塔一样高大的国家，其他事物也按比例放大。非洲有 1150 万平方英里，比除亚洲外其他任何有人居住的大陆都要广袤，具备大人国的规模。但在世界政治的舞台上，非洲人是小人国的典范，按世界强国的标准，他们只有六英寸高。

一个根本原因在于非洲的分化。这个世界上第二大有人居住的大陆，不巧却是最具有分散性的大陆。

土地面积一直是世界体系中衡量实力的标准之一，其他标准包括资源、技术和军事力量。

正如我们前文所述，非洲确实有资源，但它缺乏技术支持和可靠的军事保障。至于非洲的土地面积，它确实很大，居住着 4 亿多人。但在世界事务当中，非洲大陆并没有作为一个整体发挥作用；相反，它受制于民族、种族、意识形态和宗教分裂等弱点。

在当今世界的民族国家体系中，土地面积在决定一个国家的安全性方面，已经显得不像以前那么重要了。但在决定一个国家的影响力方面，土地面积依然是一个重要的衡量标准。在 20 世纪最后这 25 年里，小国已经不再像 19 世纪那样畏惧强大的邻国。虽然这个世界上仍然存在越南入侵柬埔寨、中国反击越南的事件，但不管怎么说，这种事情在 19 世纪却更为频繁。我们当下世道变革的独特之处在于，弹丸小国所承受的风险要比过去小很多。

但另一方面，由于当今世界各国的交流日益频繁，从这个意义上而言，地球村的形成使得占据多数的群体会比以往更具有影响力。这就是美苏之所以成为超级大国的原因之一，中国在 21 世纪也会加入这一大国行列，印度同样不会落后太多。

现在的情况是，更广泛意义上的"大"比以往更加重要。巴西因其作为拉丁美洲国土面积最大的国家，具备了未来成为大国的条件。就国土面积而言，它在西半球仅次于美国。而另一边，没人真正认为英国会再次成为一个顶级的大国。在 21 世纪，英国不仅会在巴西、印度和中国这样的国家面前黯淡无光，甚至与保持国家完整性的尼日利亚相比，也会相形见绌。

但正如我前文提到的原因，字面意义上的"大"与以往相比已经没有那么重要。同 19 世纪相比，现在的小国不会再那么轻易受大国摆布。

非洲国家作为小人国的集合体，不太可能再被外部巨头吞噬，尽管它们自己可能会不时地相互争斗。但是，与几十年前类似的冲突相比，即使是非洲自身的内部战争，大家也会以一种世界性的目光和从泛非主义的层面进行评判。

然而，非洲作为一个大陆不能仅仅满足于不被他人直接殖民。这种只是小人国的心态。非洲国家必须开始考虑如何有效地影响其他国家，不仅仅是在南部非洲解放这样的问题上，而且是在真正的全球性问题上，例如为更公平的世界经济体系而斗争，或是为减少全球核威胁而努力等方面。

如果作为一个小人国，其社会需要只是恢复并保持自由，那么这个目标是没问题的。但更为通用的全球性政策是由这个世界上的超级大国，即世界体系中的大人国决定的。

不过，我们首先要探究的是，为什么非洲是一个充满小人国的大陆？为什么这个地区如此分化？该地区分化的本质是什么？目前所呈现的趋势是什么？

人们可以根据差异将对称的图案从一层拼堆到七层，固定牢靠之后还可以堆放五十层甚至更多。这种倒金字塔式的对称从非洲来说，对称的图案分别为——两大种族文化复合体：以北的阿拉伯人和以南的黑人；三个宗教体系：非洲传统宗教、基督教和伊斯兰教；四种主要国际性语言：英语、法语、阿拉伯语和葡萄牙语；五个在非洲内部争夺影响力或利益的外部霸权体系：西欧、北美、苏联阵营、中国和日本；六种政治传统：自由资本主义、社会主义、民族主义、保守的传统主义、军国主义和泛非主义；七大斗争传统：勇武传统、圣战、消极抵抗、游击战、革命恐怖主义、现代常规战争以及可能首先在南非出现，随后波及非洲其他地区的核战争。

如果说堆积的这七层还不够，我们在非洲还可以找到大约 50 个不同的国家与大概 850 个族群和语群。

此外，非洲还存在阶级形成与阶级斗争的复杂现象。随着新技术与传统文化在资源利用领域的不断碰撞，在未来十年间新的社会经济群体会持续涌现。

在这多重的分裂与冲突中，我将此次讲座的重点放在五个方面，即宗教、种族、意识形态、国籍和阶级。

就目前而言，阶级上的分裂最不明显。一个基库尤族农民首先须认作基库尤族，其次才谈论农民身份。在卡伦金族农民和基库尤族小资产阶级的对抗中，基库尤族农民有可能不分阶级地站在他的基库尤族同胞一边，而不是不分民族亲疏地站在他的农民同伴一边。①

肯尼亚知名的反对派奥金加·奥廷加写过一本书，名叫《尚未自由》（*Not Yet Uhuru*）。② 他所属的思想流派认为，肯尼亚独立后接手的政权仍具有殖民依附性。他试图领导一场基于阶级意识的运动，致力于根本性的土地改革和社会转型。他期望肯尼亚的农民和工人能够团结起来支持他的肯尼亚人民联盟。但是，当他转过头去看时，他唯一的追随者却是几乎所有阶层的卢奥族。一场自以为由真正的无产阶级参与的运动，到头来发现自己只是披着皇帝的新衣，露出的是民族的身体。

那么，有个问题是，奥廷加是否考虑写一本新书《尚未

---

① 卡伦金族和基库尤族分别属于肯尼亚不同的民族。——译注

② 奥金加·奥廷加（Oginga Odinga, 1912—1994），肯尼亚卢奥族人，政治家。1963 年肯尼亚独立后，成为肯尼亚副总统。因与肯尼亚开国总统肯雅塔意见不合，1966 年奥廷加辞去副总统职务，创建反对党肯尼亚人民联盟。——译注

阶级斗争》（*Not Yet Class Struggle*）。他所领会的知识超越了这个时代。他认为他可以动员阶级意识来捍卫社会和政治变革。但他发现人们仍然首先是"部族"的成员，其次才是社会阶层的一分子。

不过，当这个疲惫的 20 世纪结束时，阶级斗争会成为非洲走向分化的一个注脚。当人们对特殊待遇和社会不公的认识更加清晰的时候，对社会和经济正义的标准也会相应提高。随着生产模式更加复杂，社会分离更加明显，社会发展的目的和宗旨会比以往任何时候都更有争议。

在疲态中跟跄前行的 20 世纪，非洲身份认同的种族性应该已经衰落，国家制度在巩固中变得更加强大，意识形态会更加复杂和丰富，宗教也会居于次要地位。但就目前而言，宗教、种族、意识形态和新的国家制度在非洲的历史上，发挥着比阶级更具有决定性的作用。

让我们接下来看看其他方面。

通常来说，基督教是一种非洲和西方的宗教，因为几乎所有的基督教国家都在非洲或在西方世界。亚洲有数以百万计的基督徒，但除了菲律宾之外，在这个世界上最大的大陆上几乎找不到一个基督教国家。

另一方面，伊斯兰教是一种非亚宗教，因为几乎所有的伊斯兰国家都在非洲或亚洲。东欧确实有一些穆斯林，土耳其也有一部分领土分别位于欧洲和非洲。但总的来说，基督教主要是非洲和西方的宗教，伊斯兰教是非洲和亚洲的宗教。就分布而言，"非洲"是这两个宗教的共同点，使非洲成为一个潜在"大公无私"的大陆。非洲既可以成为基督教和伊斯兰教为拯救"黑人"灵魂而进行的最后一场十字军东征的战场，也可以成为大公精神的最终圣地，在最宽容的情况下容纳宗教的多元化。

实际上，迄今为止非洲在宗教方面的成绩，相较而言还是令人刮目相看的。我们知道，美国直到1960年才实现政教完全分离，选出其第一位天主教徒总统——约翰·肯尼迪。然而，1960年塞内加尔独立时，桑戈尔作为天主教徒却在这个绝大多数人是穆斯林的国家担任总统。美国选民不确定是否信任来自另一个教派的基督徒同胞，而且当下仍然不确定本世纪是否会选出一个信奉犹太教的人担任总统。但另一边，尽管伊斯兰教和天主教之间存在较大的宗教分歧，塞内加尔的选民还是信任令人信服的桑戈尔。

就宗教这一点而言，坦桑尼亚的穆斯林多于基督教徒。尼雷尔和桑戈尔一样，都是天主教徒。然而，尼雷尔仍然可以从他的同胞那里得到跨越宗教分歧、关键且令人信服的支持。

很多非洲家庭是多宗教的集合体，但他们之间没有任何剑拔弩张的气氛。可能一个兄弟是穆斯林，另一个是天主教徒，其姐妹是新教徒，父亲信仰非洲传统宗教。即使在乌干达这样一个宗教有时被政治化的国家，从19世纪90年代至今，多宗教家庭也相当普遍。已故的国王穆特萨二世是乌干达第一任总统，他就经常依赖他的穆斯林叔叔巴莱·卡昆古鲁给出的建议。[①] 乌干达第二任总统米尔顿·奥博特经常参

---

① 巴莱·卡昆古鲁（Badru Kakungulu，1907—1991），乌干达伊斯兰教领袖。伊斯兰教19世纪中期传入乌干达，1921年，乌干达国内穆斯林分为3支，卡昆古鲁领导其中一支。——译注

加来自不同宗教亲属的婚礼和洗礼仪式。我曾与乌干达第三任总统伊迪·阿明讨论过他的计划，即他想让自己的两个孩子接受天主教教育。[1] 像阿明的许多计划一样，这个计划从未实现。但是在乌干达，一个穆斯林总统曾计划让他的两个孩子接受天主教教育，这一事实一方面反映了阿明自己捉摸不透的多变，但也符合乌干达多年来的诸多先例。

乌干达的第四任总统是优素福·卢莱。他出生时是一名穆斯林，但成年后接受了基督教教育。他一直是其穆斯林家族中一个具有影响力的成员。

乌干达第五任总统戈弗雷·比奈萨，既是干达人又是新教徒。至少从他广义上的大家庭来看，他也是多宗教家庭的一分子。

我仅从单一国家的总统家庭进行分析，不过需要注意的是，这个国家的宗教比其他大多数非洲国家更加政治化。然而即便如此，仍然可以发现非洲宗教令人惊愕且清晰的宗教融合。

非洲得以实现宗教融合的真正原因在于，非洲传统宗教有容忍和容纳其他宗教文化的能力。通常来说，在这种中东宗教——基督教和伊斯兰教——进入非洲大陆之前，非洲没有宗教战争。正是这两个中东宗教之间的竞争导致非洲出现宗教冲突的可能性。然而，这些可能性又被非洲传统信条中潜在的宗教宽容所缓和。这些传统的非洲信条并没有改变世界的野心。它们是特定的民族性宗教，对这些群体具有重要

---

① 阿明是穆斯林。——译注

性，但绝对不是为了输出价值观。另一方面，基督教和伊斯兰教从其存在的第一个世纪起就是输出型宗教。正是它们在价值观市场上的竞争，催生出几个世纪以来的十字军东征综合征。[①] 在非洲，这种趋势在某种程度上被非洲传统宗教遗产中更宽容和更与世无争的特点所缓解或缓和。

我并非意指非洲没有出现过宗教紧张和因此导致的严重冲突。我要说的是，看起来是宗教冲突的东西，有时反映的是其他形式的冲突。例如，1977 年，乌干达圣公会的卢武姆大主教显然是在阿明的命令下被谋杀的。[②] 世界上绝大多数人立刻得出结论，他被谋杀是因为他是英国圣公会的大主教。但是，他是否同样有可能因为是阿乔利人而被谋杀？[③]伊迪·阿明自 1971 年夺取政权以来，一直以凶残的种族灭绝方式来对付阿乔利人。这一方面是因为阿明推翻的米尔顿·奥博特的军队中，阿乔利人是最大的一个群体，另一方面是因为阿乔利人以强大到世人不愿与之为敌而名声大噪。被谋杀时，卢武姆大主教是乌干达政界中尚存的几个最杰出的阿乔利人之一。事实上，卢武姆大主教是与另一位尚存的知名阿乔利人奥里马先生一起被谋杀的，后者当时在阿明政府中担任部长。问题就在于，大主教被谋杀是宗派问题还是民族问题？但显然，这不是像全世界新闻界所描述的那样，

---

① 作者暗指基督教与伊斯兰教之间的斗争。——译注

② 贾纳尼·卢武姆（Janani Luwum，1922—1977），乌干达大主教。1974 年，卢武姆成为乌干达、卢旺达、布隆迪和扎伊尔的大主教，1977 年 2 月，阿明通过制造车祸的方式将其谋杀。——译注

③ 阿乔利人是东非乌干达民族之一，亦称"甘人"，主要分布在乌干达西北部。——译注

纯粹是一起因宗教问题遭受迫害的案件。

1955 年至 1972 年的苏丹内战也经常被描述为苏丹北部的穆斯林和南部的基督徒之间的战争。事实上，苏丹只有少数南方人是事实上的基督徒，绝大多数人信奉非洲传统宗教。归根结底，苏丹内战的一方是阿拉伯人和阿拉伯化的苏丹北部人，另一方是南部的非阿拉伯化苏丹黑人。

1967 年至 1970 年的尼日利亚内战显然不属于教派之争，尽管比亚法拉大胆地试图将这场战争描述为信仰基督教的伊博族人和信仰伊斯兰教的北方人之间的十字军东征。[①]

归根结底，在撒哈拉以南非洲中，种族是一个比宗教更严重的分裂线。非洲人因为属于不同的种族群体而互相残杀的可能性，要远远大于他们属于不同的宗教。

像伊斯兰教和基督教这样的普世性宗教，迄今也未能成功地遏制或解决非洲内部狭隘且紧张的种族竞争关系。

一个特别值得注意的例子是伊斯兰教和英国间接统治的殖民政策之间的关系。许多非洲教科书都简化了法国同化和英国间接统治之间的区别。事实上，我们可以看到，法国人试图尽可能快地把他们的殖民地臣民变成法国人自己的文化复制品，而英国人则倾向于使用当地机构，并允许其依照当地文化处理事务。

但是，尽管两大殖民国家之间的差异在现实中并不像教

---

① 比亚法拉（Republic of Biafra, 1967—1970），尼日利亚东南部曾短暂存在的国家。1966 年，尼日利亚发生政变，占据主流的豪萨人认为伊博族人是背后黑手，于是对伊博族人进行屠杀，这迫使东部的伊博族人宣布独立。——译注

科书上描述的那么尖锐，但两者之间确实存在区别。

我在英国人统治下的肯尼亚长大，在学校的前三年，我完全用我的母语斯瓦希里语学习。如果我是在法国殖民地，我可能会从一开始就直接深陷法语当中。

英国还促成东非语言委员会的成立，以协助规范非洲语言的发音、拼写和发展。这样的机构和这样的职责范围在法属非洲几乎是不存在的。法国人对保护或发展非洲本土机构和传统的兴趣远不及英国人。

那么，伊斯兰教与这一切有什么关系？我认为，英国的间接统治政策诞生于伊斯兰教和英裔爱尔兰哲学家埃德蒙·伯克的结合。① 从某种意义上说，埃德蒙·伯克的思想遗产就是英国政治文化的全部内容。作为一条政治上保守的原则，伯克建议"永远也不要完全地、突然地脱离我们的古代传统"。如果一个社会确实渴望改变方向，那么完全改变或突然改变都是一个错误。伯克认为，政治上的保守需要对历史有政治上的敏感性。正如他再次指出的那样，"凡是从不回顾自己祖先的人，也不会对后代抱有期望"②。

英国的政治文化在一定程度上反映了这种广泛的政治理念。英国人不愿完全或是突然脱离古代传统。因此，他们保持着古老的体制，并在发展过程中使之现代化，而且他们修

---

① 埃蒙德·伯克（Edmund Burke, 1729—1797），爱尔兰政治家、哲学家。作为英国国会下议院议员，他反对英国国王乔治三世，支持美国和美国革命，但他不支持法国大革命。他通常被视作英美保守主义的奠基人。——译注

② *Reflections on the Revolution in France*（1790），*Works*（London: World's Classic Edition, 1907），Vol. IV, p. 109.

改传统习惯的速度比同一时代的许多人要慢。

英国国内政治文化中的这种伯克式渐进主义也影响了英国的殖民政策。间接统治是建立在伯克式的渐进主义原则之上的。许多殖民政策制定者认为，除非你敬重非洲人回顾自己祖先的想法，否则你无法说服非洲人对后代抱有期望。

不过，英国的间接统治则预设在非洲社会中真的存在一个机构，根植于这些社会的历史当中。然而，许多非洲社会是相对分散的，不存在英国人曾希望拥有的类似性质的国家权力机构。

间接统治在哪里找到其范例？英国间接统治政策的谋划者卢加德勋爵在尼日利亚北部的酋长国找到了这样的机构。正如黑利勋爵在他的著作《非洲概览》（*An African Survey*）中谈道：

> 在 1900 年宣布成立保护国之后的几年里，卢加德勋爵在尼日利亚北部将使用本土机构的方式系统化。该地区是英国撒哈拉以南保护区中，本土统治组织体系最具成效的地区。大多数古老的豪萨王国都接受了伊斯兰信仰，在伊斯兰信仰的影响下，该地区在 16 世纪初已然具备财政组织严密、土地使用权明确、统治者选定规范、负责解读伊斯兰教法的司法机构训练有素等特点。[1]

---

[1]　Lord Hailey, *An African Survey*（London：Oxford University Press, rev. edn, 1957），pp. 453—454.

在豪萨人地区占据优势地位的富拉尼人，利用并促使这一有组织的行政管理制度进一步发展。①

随后，卢加德和英国人进入该地区。用另一位作家西里尔·惠特克的话来说：

像富拉尼人征服者一样，卢加德认为，解决这一问题的办法是依靠已有效运作的政府。当时的政府系统提供了一些明显的额外优势，如权威的宗教机构、正式的法典（伊斯兰教法）、专门的司法机构、中央集权的行政机构、征税的习惯，以及最重要的人民服从国家权威的传统。②

换句话说，在英国人接管前的几个世纪，尼日利亚北部就已经出现伊斯兰教遗产。这为殖民环境下践行埃蒙德·伯克的思想提供了肥沃的土壤。英国人要利用本土机构进行帝国控制，并确保在尼日利亚北部，人们不会完全地、突然地脱离他们自己的传统。在伯克哲学和尼日利亚伊斯兰教的联姻中，一种殖民主义学说由此诞生。

因为英国没有急于将自己的外来文化强加给非洲人民，从这方面而言英国的间接统治是人道且自由的。它更倾向于使用已经被当地居民信任的权威人士，而不是那些刚从牛津

---

① 在尼日利亚，富拉尼人通常与豪萨人混居、通婚，有时被统称为"豪萨—富拉尼族"。——译注

② C. S. Whitaker Jr, *The Politics Tradition*：*Continuity and Change in Northern Nigeria*，*1946—1966*（Princetown：Princetown University Press，1970），pp. 26—27.

和剑桥大学毕业，充满活力的年轻地区专员。

但问题是，英国对非洲传统的相对宽容（与非洲不得不面对的所有其他外来征服者相比），从长远来看是否对非洲造成了损害。它是否保留了现在被英国强迫在新的领土边界内共同生活的群体之间的种族差异？

尼日利亚另一种普适性宗教基督教，也在导致其民族分裂的加剧。一方面，当地政府和英国当局通过政令的方式并不希望传教士进入北方穆斯林地区；另一方面，传教士被允许在那些被视为"异教徒"的人中自由传教。最终导致的一个结果是，北部的豪萨人和东部的伊博人之间的区别不再只是一个群体是豪萨人，另一个群体是伊博人。另外一个身份上的区别也出现了，即豪萨人主要是穆斯林，伊博人主要是基督徒。甚至还引发了第三个区分：由于伊博人更多地接触到传教士而去了教会学校，他们比豪萨人接受了更多的西式教育，了解更多的西方语言。就西化程度而言，豪萨人与之相比逐渐开始显得"落后"或"前现代"。

由于伊斯兰教对豪萨人影响更大，基督教对伊博人产生更多影响，这一切反过来又相当于加强了各自的民族意识。伊斯兰教和基督教的普世主义非但没有淡化或超越民族狭隘性，反而助长了民族猜疑之风。

在这一猜疑之下，首先是 1966 年豪萨人对尼日利亚北部伊博人进行的骇人听闻的屠杀，随后是 1967 年到 1970 年的尼日利亚内战。

尼日利亚人之间的世俗意识形态差异却不大。尼日利亚各个政党更有可能对民族和地区的象征作出回应，而对意识形态口号本身熟视无睹。但是，又一个问题随之产生，即意识形态是否在非洲政治中占据了新的重要性。事实是这样吗？

20世纪70年代非洲最重要的意识形态发展，一方面是马克思主义政权在前葡属非洲和埃塞俄比亚的出现，另一方面是政治自由主义在西部非洲的部分复兴。让我们依次来审视这些发展脉络。

卡尔·马克思本人预测社会主义革命将最先发生在更先进的资本主义国家中。20世纪70年代马克思主义在非洲的讽刺之处在于，它被埃塞俄比亚所接受，这个国家刚刚开始摆脱古老的封建主义。同时，它也被前葡属非洲殖民地所接受，而葡萄牙本身是所有统治过非洲的欧洲大国中最落后的。这样看来，马克思主义在非洲条件下最肥沃的土壤要么是像埃塞俄比亚那样自身存在历史滞后性的国家，要么是像被葡萄牙这样落后的帝国主义大国所殖民的国家。

相比之下，英国是殖民主义时期最先进的欧洲宗主国。然而，目前非洲，没有一个英属非洲国家转投马克思主义。在20世纪70年代，人们认为前英属撒哈拉以南非洲国家中最激进的是尼雷尔时期的坦桑尼亚。但是，非洲的马克思主义者会认为尼雷尔的"乌贾马"（基于非洲家庭观念的社会主义）政策是一种假象，或是一种错误的意识形态。在达累斯萨拉姆大学的校园里，许多坦桑尼亚本土激进知识分子最多只能把尼雷尔的政策视为一种温和的进步主义，尼雷尔本人最多只能被称作是一个相对进步的资产阶级。

由此，我们眼前呈现出两种情况：一方面，前葡属非洲殖民地在独立时都较为激进;另一方面,前英属非洲殖民地在获得政治独立二十年后,相较而言仍然属于资产阶级范畴。前葡属非洲殖民地的激进是对葡萄牙的政治滞后和其摇摆不定的法西斯主义作出的回应。相比之下,前英属殖民地面对的是一个相对成熟的资本主义国家,它拥有高度发达的自由民主传统。迄今为止,前英属殖民地国家并没有转投马克思主义的想法。

法国作为一个殖民宗主国,在殖民时代的先进性和资本主义发展方面比葡萄牙更接近英国,但绝对不如英国。因此,前葡属非洲殖民地都表现出激进主义,前英属非洲殖民地并未出现一例。尽管绝大多数前法属非洲国家都与巴黎有着密切联系,但仍有一两个前法属非洲殖民地变得激进。在前法属非洲殖民地中,几内亚的塞古·杜尔长时间保持激进主义。该国采用了列宁主义的"民主集中制"原则,并着手建立一个在许多人看来本质上是斯大林主义的政权。

到了 20 世纪 80 年代,可以预料的是非洲的意识形态模式可能会发生变化。[①] 有一两个前英属非洲殖民地确实可能会转向马克思主义。有些人预计,如果爱国阵线获胜,津巴布韦将走向马克思主义。[②] 这种情况并非绝对,但原则上存在可能。到目前为止可以肯定的是,英国对其前殖民地的影响,并不会导致这些新独立的国家采用马克思主义意识形态。

---

① 原书出版时间为 1980 年。——译注
② 津巴布韦非洲民族联盟—爱国阵线是津巴布韦在 1980 年获得独立后所成立的政党,其领导人是罗伯特·穆加贝。——译注

相反，有迹象表明，自由民主思想在前英属西非国家出现了部分复兴，尽管时断时续。大家都还记得英国将威斯敏斯特模式留给了它的殖民地，却又目睹了这一模式在非洲国家一个接一个地崩溃。自由民主的模式，即一个以上的政党相互竞争，公民在言论和组织方面自由，以及拥有独立的司法机构。该模式在 20 世纪 60 年代被两种趋势所挑战：第一，颇具吸引力的中央集权政府和一党制；第二，军队对政治的干预。诚然，一党制被广泛歌颂，并被视为非洲特色的民主方式。

但是，对军事统治的不满导致人们对多党制背景下的开放社会和多元化重新产生兴趣。加纳和尼日利亚的人民似乎热衷于恢复自由民主和文官统治。一党制这首旧歌谣也不再那么受欢迎。这些国家的军人是否会真正允许民主化进程的发生，还有待观察。

自由民主变革之风也正吹遍部分前法属非洲国家的大地。我有幸因此次里斯讲座采访了塞内加尔总统列奥波尔德·桑戈尔。他自豪地谈到塞内加尔恢复了党际竞争，有四个政党被宪法所承认，这四个政党分别表现出保守主义、自由主义、社会主义和共产主义四种趋势。桑戈尔总统讨论了报纸的新灵活性，以及在没有国外补贴的情况下创建更多报纸的便利性。他向我保证塞内加尔最高法院的独立性，并认为最高法院平均每收到 10 个来自下级法院的判决中就有 6 个被驳回，其中许多来自最高法院的裁决是与政府意愿相悖的。

在塞内加尔为里斯讲座进行准备工作时，我还采访了一些反对派领导人，甚至包括那些不被宪法承认的政党领导人。这些领导人强烈批评了塞内加尔的体制。毫无疑问，塞内加尔还不是一个真正开放的社会，但它比大多数邻国要开放得多。反对派领导人在一个陌生人面前用如此尖锐和强烈的语气谴责他们的总统，这件事本身就在一定程度上表明，这个国家的体制不像非洲其他政权那样压抑。

自由变革之风甚至已经吹到了塞古·杜尔时期的几内亚。杜尔并没有废除他的民主集中制，也没有采取足够的措施来吸引被他驱逐流亡的那五分之一人口回来。但是，过去一年左右的报告显示，有证据表明几内亚体制内出现了自由化，同时还有大量的政治犯被释放。

不过，自由民主在西非并没有完全消亡，即使是在最糟糕的文官或军事独裁国家里。在前英属非洲殖民地，小小的冈比亚一直保持着政治开放和多元化的传统。在前法属非洲殖民地，甚至出现了将竞争性选举与军事统治相结合的实验。从这个角度来看，上沃尔特的实践还是非常有趣的。

综上所述，很显然，20世纪70年代西非最独特的意识形态趋势包括自由主义的复兴，而南部非洲最重要的意识形态转变是莫桑比克和安哥拉作为马克思主义国家的出现。在非洲之角，埃塞俄比亚和索马里共和国都保持着相对的激进主义，尽管它们的外交政策和对外部盟友的选择时常多变。

至于非洲其他地区，意识形态方面喜忧参半。乌干达在伊迪·阿明倒台后正在经历政治变革；肯尼亚在肯雅塔去世后由新总统领导；人们对扎伊尔是否需要在意识形态和体制上进行变革持怀疑态度。

赞比亚的肯尼思·卡翁达是真正探索超越民族主义的新意识形态的代表。卡翁达把他的意识形态称为"人本主义"（humanism）。在卡翁达的思想中很难确定，社会主义应该与人本主义有怎样的联系。社会主义是迈向人本主义的一个阶段、实现人类完全共情的一个中间环节还是人本主义的一个方面？这两者当然是不同的。毕竟，卡尔·马克思认为资本主义是走向社会主义的一个阶段；但这并没有使资本主义成为马克思所认为的社会主义的一个方面。

这引申出第三个问题，社会主义事实上是作为非洲意识形态的人本主义的替代品吗？这二者可能都是进步的和可被接受的，但二者构成不同的选择。正因选择不同，卡翁达可能是一位人本主义者，尼雷尔是一位社会主义者。他们二人都是开明且愿意结盟的。

同样，为了这次里斯讲座，我有幸于1979年7月在卢萨卡与肯尼思·卡翁达总统共度了约两个半小时。他坦率地谈到了他的一些同龄人是如何在他的"人本主义"理念上扯后腿的。朱利叶斯·尼雷尔与卡翁达开玩笑说，他的"人本主义"受到西方的欢迎，因为它并未对西方的利益采取强硬态度。卡翁达否认人本主义在这个层面上而言是一种软弱。我相信，他也会否认他将代表西方利益的赞比亚矿产国有化的举动，是由他的朋友如朱利叶斯·尼雷尔的嘲弄所引起的。但归根结底，卡翁达是一个实用主义者。在南部非洲的政治动荡和铜矿市场的经济混乱中，卡翁达不得不做出调整，在铜矿诅咒和区域冲突的深渊中探寻出一条意识形态与现实调和的道路。

不过，在我们的谈话中，我更对他的世界政府信念感兴趣。世界上没有多少国家元首赞同这一观点，非洲的国家元首也很少有时间沉浸在这种雄心勃勃的未来学说中。他对世界政府的信念使我开始明白为什么他称自己为"人本主义者"。在他看来，人类的暴力最终只能通过两方面的结合来控制：一方面是个人的自我克制，另一方面是世界性权威的全球约束。他曾经是一个虔诚的甘地主义者，把非暴力不合作主义作为灵魂的约束力量。他改用消极抵抗作为争取自由和正义的斗争策略。

在赞比亚获得独立之前，卡翁达有机会与一位曾与圣雄甘地密切合作的印度人进行长时间的讨论。这两位政治人物花了很长的时间讨论如何建立一个基于非暴力的社会秩序。在谈话即将结束时，这位印度人对肯尼思·卡翁达说："我们今天的国家本质上是暴力的。当你赢得独立后，你是要投身于你自己国家的政府中去，还是像圣雄甘地那样，原则上不参与政府事务？"

肯尼思·卡翁达回答如下：

首先，我不认为自己可以在灵魂和身体上与圣雄的完美状态相匹敌。其次，即使我能够达到他一半的水平，我也不会像圣雄甘地对大多数印度人民和他们的领导人那样，对我们即将成立的共和国政府产生同样的个人影响力。因此，我更愿意在政府内部工作，并本着这样一种希望：当一个人成为国家机关的一分子时，他可能有更好的机会来改变它。①

卡翁达总统向我细述了这段轶事，后来还送给我他撰写的《赞比亚的人本主义》（两卷本），书中也提到了这段轶事。

诚然，国家是暴力的。当卡翁达成为国家元首时，他很快就发现自己不得不采用暴力。这包括 1964 年暴力镇压艾丽斯·伦希纳的狂热宗教运动。② 由于狂热分子的凶残，在绝望中，卡翁达总统实际上授予他的安全部队全权，只要部队认为有必要，就可以使用暴力来镇压该运动，包括开枪射击。卡翁达确实陷入了一个关于国家在其范围内垄断武力是否具有合法性的矛盾中。追求这种垄断会导致国家将暴力的矛头指向自己的民众。

鉴于卡翁达一方面被非暴力理论及其道德含义所吸引，另一方面又不得不承认世界上任何国家制度从根本上都具有暴力倾向，因此身为赞比亚总统，他转而信奉世界政府就不足为奇了。他的两个原则，即个人自我约束和全球掌控呈现出相互依存的状态。从某种意义上来说，只要国家制度继续存在，他就只能无奈接受非洲乃至世界上各种形式的暴力。

---

① 关于这段轶事，参见 Kenneth D. Kaunda, *Humanism in Zambia and a Guide to its Implication* Part 2, p. ix.

② 艾丽斯·伦希纳（Alice Lenshina, 1920—1978），赞比亚宗教人士。她自封为"女先知"，将非洲传统宗教与基督教融合，强调女性的重要性，创立了鲁姆帕教会。1964 年 7 月 24 日，卡翁达所领导的联合民族独立党与教会发生冲突，赞比亚进入国家紧急状态，大约 1000 人在冲突中牺牲。伦希纳自首入狱，但卡翁达从未对伦希纳进行审判。

既然世界上有国家，就必须有人来领导它们。尽管他对暴力有着根深蒂固的反感，但他必须尽到自己的领袖职责。

这就是非洲国家和民族的分裂。这种分裂不仅与卡翁达的思想有关，而且是非洲目前所不得不接受的结果。随着非洲独立的"第二个十年"的结束，关于新政体的政治可行性仍然是一个重要问题。存在三种形式的政治暴力，但并非全部。初级的政治暴力涉及政治共同体的"定义"：谁与我真正共享一种公民身份？一个民族或区域性单位试图从一个由欧洲殖民国家划定边界的国家中分离出来而导致的内战就属于这一类。尼日利亚内战和苏丹内战都是由于对继承下来的国家边界的极度不满而产生的，就像一个世纪前的美国内战一样。

次级政治暴力涉及政治共同体的目的：共同体及其成员应该追求什么样的"目标"？这种类型的暴力也可能导致内战，特别是当不同的团体在意识形态上存在分歧，而且每个团体都试图不惜一切代价掌控主动权时。20世纪30年代的西班牙内战就属于这种情况，因为它关注的是谁应该控制马德里和统治西班牙的问题，而不是西班牙的边界问题。另一方面，西班牙的巴斯克分离主义内战实则是一个初级政治暴力的案例。

在埃塞俄比亚，推翻皇权决定谁应该控制这个国家原本是一个次级政治暴力冲突，但欧加登战争和厄立特里亚争端则属于埃塞俄比亚的初级政治暴力。① 厄立特里亚是否应该

---

① 欧加登战争是1977年到1978年发生在埃塞俄比亚欧加登地区的战争，交战双方为埃塞俄比亚和索马里。战争起因是索马里对埃塞俄比亚的欧加登地区提出领土要求。战争最后以索马里撤出欧加登地区告终。——译注

分离？

第三级政治暴力涉及一个政治共同体内部存在的物质、社会和更广泛的政治环境条件。从这层意义上来说，由人口压力、干旱或国际原材料商品价格下跌引起的暴力是第三级政治暴力。

后殖民时代非洲的种族特点和政治地理是该大陆发生冲突的因素之一。如果诞生了奥博特和阿明的乌干达北部划归苏丹南部，乌干达的历史肯定会大不相同。如果经历过胡图族和图西族之间种族灭绝冲突的卢旺达和布隆迪在第一次世界大战后被移交给英国，作为坦噶尼喀的一部分进行统治，那么，胡图族和图西族之间的关系就不会导致过去二十年的大规模暴力。毕竟，他们不会分别居于卢旺达和布隆迪两个国家，而成为今日坦桑尼亚这样单一国家的组成部分。事实上，图西族和胡图族在文化上是相通的，他们甚至可以在相当程度上团结起来，在资源竞争的过程中对抗其他坦桑尼亚人。更重要的是，这两个群体都不会通过军事机构来残害对方。

不幸的是，我们对种族和政治边界之间相互作用的理解仍然处于初级阶段，我们所能做的也只是事后诸葛亮。

然而，随着 20 世纪 70 年代的结束，一些关于非洲及其边界的老问题仍然存在。按照帝国主义国家的经验所制造的人为国家边界有多危险？每个非洲国家内部的民族混合有多不稳定？民族和国家边界之间的相互作用的结果是什么？

20 世纪 70 年代末尾的冲突是 1978 年 10 月至 1979 年 4 月乌干达和坦桑尼亚之间爆发的军事对抗。不久之后，确实有证据表明坦桑尼亚总统朱利叶斯·尼雷尔推出了"坦桑尼亚治下的和平"（Pax Tanzaniana）理论。这是一种在坦桑尼亚的主导下在其他国家追求和平与稳定的理论。

"坦桑尼亚治下的和平"与"英国强权下的和平"有相近之处。英国人曾经希望通过英国人的倡议来巩固和平并终止地方民族主义战争。同样，正如我在坦桑尼亚入侵阿明的乌干达时在一家东非报纸上所论述的那样，坦桑尼亚确实有在坦桑尼亚领导下为其他地区的和平与正义而奋斗的历史，即使有干涉他国之嫌。

有时，非洲人之间并无分歧。在南部非洲，坦桑尼亚在前线国家①中的领导地位与"坦桑尼亚治下的和平"密不可分，这在非洲已被广泛接受。

"坦桑尼亚治下的和平"也曾在一段时间里试图影响尼日利亚的命运。1968 年 4 月，"导师"尼雷尔承认比亚法拉。尼雷尔寻求平息尼日利亚内战的方法。在这场初级政治暴力中，他站在分离主义者一边。

在塞舌尔，从 1977 年开始"坦桑尼亚治下的和平"显然采取了支持反叛者的方式。坦桑尼亚被指控资助政变，推翻了独立时从英国继承权力的政府。

甚至在更早的时候，"坦桑尼亚治下的和平"帮助尼雷尔实现其昭昭天命。它促成了桑给巴尔被纳入坦噶尼喀的政治体中。达累斯萨拉姆的干预帮助决定了桑给巴尔的命运。

---

① 前线国家是与南非毗邻或相近的安哥拉、博茨瓦纳、莫桑比克、坦桑尼亚、赞比亚和津巴布韦这六个国家的总称。它们因处于反对南非种族主义、争取民族独立和解放斗争的前线而得名。——译注

一个新的联合国家诞生了，即坦桑尼亚联合共和国（坦噶尼喀与桑给巴尔）。

随后，坦桑尼亚决定关闭与肯尼亚的边界，以给肯尼亚一个教训。甚至有些人认为，要在肯尼亚制造足够的不稳定因素，以便政权更迭。在乌干达，坦桑尼亚想要从军事上惩罚阿明政权。而在肯尼亚，坦桑尼亚试图通过经济手段给内罗毕政府上一课。坦桑尼亚的"姆瓦利姆"①——在斯瓦希里语中，意思是"导师"——经常不负众望，向远方和邻国传授经验。

坦桑尼亚反击乌干达的最初目的可能是温和的。尼雷尔打算对阿明的乌干达采取中国对越南的做法，即反击该国以展示优势力量，然后给其一个教训后满意地撤出。但尼雷尔和坦桑尼亚的部队很快发现，他们并没有遇到阿明乌合之众般的军队的抵抗。这似乎是一场一边倒战争。因此，开始时很像中国对越南的反击战，后来则更像越南对柬埔寨的入侵。在后一次的战争中，其目的不仅仅是教训一下然后撤退，实际上是为了推翻政府。尼雷尔的部队与他们的乌干达支持者一起，在瓦解阿明的战争机器过程中势如破竹。通往坎帕拉的道路似乎一路畅通，反对者寥寥无几。

坦桑尼亚对乌干达的战争是非洲自独立以来史无前例的。它所引发的问题是，它是否构成了一个非洲国家为了改弦易辙而入侵另一个国家的先例。非洲的国家制度结构可能已经发生了质的变化。坦桑尼亚可能只是非洲大陆上第一个

---

① 尼雷尔又被称作"姆瓦利姆"。——译注

新的次帝国主义国家。"坦桑尼亚治下的和平"在未来几年可能会有模仿者。在坦桑尼亚军队及其乌干达盟友成功占领坎帕拉之后非洲统一组织的第一次会议，明确表达了对该问题的担忧。非洲统一组织是否会进行机构改革，甚至建立属于自身的安全机构，以减少甚至完全消除未来几年非洲国家之间发生重大军事入侵的危险，还有待观察。

非洲所面临的问题是要在集体安全体系和国际义警主义体系之间做出选择。非洲最高司令部或非洲统一组织下的警察部队将是一个泛非安全的结构。一些非洲法语国家已经建议成立这样的结构，特别是自1977年蒙博托总统的反对者从安哥拉入侵扎伊尔的沙巴省以来。摩洛哥部队构成了非洲部队的核心，在入侵后取代了战火纷飞的沙巴法国部队。

摩洛哥国王和塞内加尔总统认为，非洲建立自己的大陆执法机构的时机到了。

反对摩洛哥和塞内加尔倡议的人中有坦桑尼亚总统——"导师"朱利叶斯·尼雷尔。尼雷尔反对法语国家提议的泛非安全体系有其充分的理由。这些理由包括：尼雷尔怀疑法国是法语国家此次建议的幕后推手。

不过，建立泛非安全体系的想法也可以抛开争议，不去考虑法国在镇压入侵沙巴省的反蒙博托武装力量一事中所起的作用。通过反对拟议的泛非部队，朱利叶斯·尼雷尔帮助排除了非洲统一组织在集体安全问题上的选择。

唯一可行的替代方案是坦桑尼亚在1979年入侵乌干达并推翻伊迪·阿明政权时所采取的那种国际义警主义。

但什么是义警主义？美国人肯定对此非常了解。根据两位美国分析家的说法：

> （义警主义）由违反社会政治秩序的既定界限的胁
> 迫行为或威胁组成，但违反者是为了保护该秩序不受某
> 种颠覆力量的影响……当认同既定秩序的个人或团体通
> 过违反既定秩序的手段来捍卫它时，他们可以被称为
> 义警。①

根据这一定义，朱利叶斯·尼雷尔是一名国际义警。他
违反了国际法，但在一定程度上是为了让乌干达回归国际正
轨。他采取国际专制的行为，终止了乌干达的专制统治。在
美国西部，以往边境上就曾存在一个"治安委员会"，它是
由一群公民组成，力求通过简易程序维持法律和秩序。

朱利叶斯·尼雷尔在他的国内政策中不相信简易程序。
他实际上是一个披着社会主义外衣的自由民主党人。但是，
尼雷尔在他的外交政策中却实行了简易程序。他在国际义警
主义方面最引人注目的做法是针对肯尼亚的经济行动和对阿
明统治下的乌干达的军事入侵。

但是，我们能责备尼雷尔吗？整个非洲的国际关系领域
不仍然是一个未开发的边疆吗？难道不需要一位义警吗？

如果每个非洲义警都像朱利叶斯·尼雷尔一样有人情
味，老练，对每项政策产生的影响非常敏感，那我就不会杞

---

① H. Jon Rosenbaum and Peter Sedenberg（editors），*Vigilantism*
（Philadelphia：University Press，1976）.

人忧天了。尼雷尔可能会不时犯下重大的国际错误（包括他在 1968 年 4 月承认比亚法拉），但他始终还是坚持走正确的道路。

不幸的是，我们不能保证非洲产生的每一个国际义警都会是朱利叶斯·尼雷尔。如果尼雷尔同意加入那些正在摸索建立大陆集体安全体系的非洲法语国家的行列，那将是对非洲更大的贡献。尼雷尔的参与本身将减少泛非安全事务被法国幕后操纵的危险。

克瓦米·恩克鲁玛曾想过建立非洲最高司令部，以阻止帝国主义入侵者，新提议的泛非部队则是为了把非洲的事情办好，两者之间需要结合。非洲需要受到保护，既要防备外部敌人，也要防止内部反叛。

非洲国家迫切需要在军事上共同实现自力更生。20 世纪 70 年代古巴在非洲影响力的上升无疑是这种需求的一个原因。这是一个拥有 4 亿多人口的大陆，似乎在军事上依赖于数千英里外的一个人口不足 1500 万的岛屿。在像津巴布韦这样的问题上，许多非洲人将引进古巴军队视为他们打破战争平衡的杀手锏。这是屈辱性地承认非洲军事无能。在这个大陆上，有大量的军队分散在不同的社会中，但这样的军队更擅长镇压自己人，而不是解放大陆的其他地区。为什么 1975 年和 1976 年需要古巴军队来阻止在安哥拉的南非军队？毕竟，有相当多的非洲国家同情安哥拉人民解放运动。① 为什

---

① 安哥拉人民解放运动，简称安人运（MPLA）。1974 年安哥拉陷入内战之后，安人运得到苏联和古巴的支持，击败了南非、扎伊尔和美国支持的安哥拉其他阵营。1975 年，安哥拉宣布独立。——译注

么他们不是把武器交给"安人运"，而是代表他们进行干预？

非洲统一组织已经认识到非洲前线国家在南非双轨制倡议方面的特殊作用。不久之后，非统组织也应该在军事防御方面支持前线国家。部分前线国家已经在军事上受到了白人主导的政权的影响。未来如果解放战争席卷整个南非共和国，前线国家受到的报复性袭击将变得更加严重。

保护非洲免受外敌和内患，需要的不仅仅是偶然的义警行动。它需要一个超越非洲自身分裂的政治意愿，建立起自卫、自保和最终实现真正自我发展能力的安全机构。

或许在 21 世纪末，来自今天非洲小人国的人，会见证一个被广泛认可且秩序井然的非洲大人国诞生。我们当下为鸡毛蒜皮的小事儿发生的争吵，很可能会让明天的非洲更加强大。

我希望未来非洲强大的国王不会被他从 20 世纪的目击者那里得到的描述吓得目瞪口呆，以至于重复乔纳森·斯威夫特在他那个时代所说的话。雷米尔鲁·格列佛在向大人国国王描述英国和欧洲时，惹得国王对当时的欧洲人作出了如下著名论断："根据我从你这边了解到的情况……我不得不得出结论，你们当地大多数人都是自然界中从地球表面爬过的最凶残、最可恶的害虫。"

如果格列佛的同胞爬到了非洲并感染了我和我的同胞，那么非洲必须找到方法来超越欧洲留下的充满纷争的遗产。就规模和凝聚力而言，让大人国成为我们临时的榜样，成为我们在 21 世纪及以后衡量自身地位的标杆。

第六讲
探寻非洲治下的和平

20 世纪 60 年代初，我在牛津大学撰写博士论文时[①]，首次提出了"非洲治下的和平"[②] 这一概念。我当时关注的是非洲的自我防卫能力。当时在非殖民化之后，人们经常提出的问题是："现在帝国主义维持的秩序即将终结，谁来保卫非洲的和平？"

在我看来，自治首先意味着"自警"。按照逻辑性的推断，整个非殖民化进程的终结在于非洲要有自己给自己做警察的野心。

在这一讲中，我想把我的"非洲治下的和平"概念再推进一个阶段。非洲仅仅有自我监督的能力还不够。同样重要的是，非洲应该为世界其他地区的监管作出有效贡献。单是自身和平相处的意愿远远不够，非洲应该在安抚世界方面发挥至关重要的作用。

在我的第一讲中，我探讨了非洲的可居住性危机。伊甸

---

① 我的博士论文后来出版时的标题是 *Towards a Pax Africana：A study of Ideology and Ambition*（London：Weidenfeld & Nicholson and Chicago：University of Chicago Press，1967）.

② 原文为 Pax Africana，该词是马兹鲁伊模仿 Pax Romana 一词所自创的术语。Pax Romana 一词直译为罗马和平，其内涵是单一霸权主导下的和平，但并非单纯的和平。

园已衰败，不完全适合政治性的居住。但我们是否可以确认，整个世界是适合人类居住的？在诸如资源和人口之间平衡的问题上，我们是否在拿未来做赌注？我们是否过早地耗尽了这个星球的资源？我们大量囤积的核武器，是否在打造自己的地狱？简言之，我们是否生活得过于危险？

如果世界上有一个地方由于政治性的问题不适宜居住，那么难民潮就会出现。但如果整个地球都不适宜居住，我们就不能阻止它离开。我们不能成为宇宙飞船上的船民，从完全变成"越南"的地球逃走，飘荡在太空。①

正是出于这些原因，世界需要一个警察。危害地球的四个危机是：资源枯竭、世界人口膨胀、污染及其他对生态产生的威胁和人类的大规模暴力冲突。

从非洲的角度来看，第一个危机，即资源枯竭与依附性和不发达问题密不可分。非洲并没有充分掌控自己的资源。事实上，非洲资源的完全受益者在非洲大陆之外。非洲的许多矿产资源有助于世界其他地区工业化，但不一定能改善非洲本身的状况。我们在前面的讲座中已对此有过讨论。

关于人口膨胀的风险，不能完全脱离经济正义②的概念来讨论。我在蒙巴萨最亲密的朋友，他妻子几年前去世了。在这之前，双方已经有了十几个孩子。在如此高的婴儿死亡率下，我从未试图说服我的朋友要以小家庭为主。因为他会

---

① 此处指越南船民问题。在越南统一之后，因为对新政权感到恐惧，大量前南越人乘船逃离越南。——译注

② 经济正义从现实性上来说，是一切经济关系所含正义性的总和，体现在所有制正义性问题和收入分配正义性问题两个方面。——译注

回答："你怎么会知道哪些孩子能活下来？"

我的朋友是个穷人，他自力更生并以此为荣。他的孩子某种程度上对他而言是一份保险。我从来没有质疑过他的大家庭是否会像我这种小家庭一样二十多年来保持亲密无间的关系。我曾看到他为自己的孩子们去世而感到悲痛。我所能做的就是以我朋友的名字为我的一个儿子命名，对一个身处逆境的父亲表示凄凉的敬佩。

同样，我认为西方世界不应该到处向贫困的印度农民宣扬组建小家庭。西方世界不需要用这些农民的名字来为他们的孩子命名，但他们需要做的是停止为自己的孩子规划更高的生活标准。从道义上来讲，北半球每个家庭的职责不是给自己的孩子留下甚至比他们更好的物质条件，而是为下一代西方人的轻微返贫做好准备。西方世界已经消耗了地球上太多的东西，却没有为此精打细算。

我个人并不介意西方世界继续自己奢侈浪费的行为，但这只是一种旨在完全削弱它的过渡性策略，以期对全球变革的要求作出反应。在西方和苏联及其欧洲盟国同意这些改革之前，我不愿再听到西方传教士向我在蒙巴萨的朋友传播他们关于人口控制的说教。我更希望西方人和苏联公民发下禁欲的誓言，并承诺刻意降低他们子女的生活水平。

至于环境上的危机，最大的威胁来自工业化国家。日本人是吃鱼的大户，但他们也是浪费渔业资源的大户。我曾沿着日本的海岸行走，对被海浪冲上岸的死鱼感到震惊，这些鱼是水污染的受害者。我在加利福尼亚和密歇根州的一些湖区见证了类似的罪证。我在英国北部上学时，也在人道和人情的分界中目睹了工业化的丑陋面目。

我们的地球正在面临的三种危机——资源枯竭、人口膨胀和对生态的破坏——都需要全球监管和控制的机构。然而，最严重的危机是人类大规模的暴力冲突，包括核战争。这是攸关全球存亡的第四个危机，我将在这次讲座中专门谈论。

为什么我要特别重视这一问题？部分原因是战争从形式上而言，较资源消耗、人口膨胀甚至是环境损害给人类带来的破坏性更大。人们消耗资源通常是为了生产或消费，而不是单纯为了破坏。人口膨胀是因为许多公民想要孩子、爱孩子。令人遗憾的是，对环境的破坏通常是合法运营过程中的副作用。但是，系统地制造大规模杀伤性武器带来的并不是附带的负面影响。它是直接的、有目的的负面作用——在按下洲际弹道导弹的按钮后，最坏的情况下可以毁灭数百万人。

这就是"非洲治下的和平"的意义所在。非洲是否受到笼罩在世界政治体系上头这块核爆炸云的影响？非洲是如何受其影响的，又能以何种方式把世界从核灾难中拯救出来？

这让我们看到了非洲在地理位置上的悖论性。非洲是所有大陆中地理位置最靠近中心的大陆，但在政治上却可能是最接近边缘的地区。我们希望能够证明，这一反常现象对"非洲治下的和平"具有影响。

首先让我们来探讨一下非洲的政治地理。在地球上，无论使用墨卡托投影法还是其他投影法，非洲大陆都必然处于中心位置。正如我们前面所指出的，它是唯一以赤道为界分成两半的大陆。它也是唯一被北回归线和南回归线同时穿过的大陆。它被大西洋和印度洋这两个海洋和贸易活动中最繁忙的大洋所包围。它的北部是世界上最大、最繁忙的内海航道地中海。

非洲在其他方面也处于中心地位。其中最古老的是商业因素。这可以追溯到瓦斯科·达·伽马为寻找通往印度的海上航线而做的努力。经由好望角绕过非洲大陆是促进欧洲与亚洲海上交流过程的一部分。

从香料贸易时代到工业革命时期，环绕非洲的路线对欧亚之间的联络依旧很重要。随后，开普敦还成为向欧洲运输马来亚的橡胶、印度的黄麻、澳大利亚的羊毛、新西兰的肉类和欧洲向这些国家出售纺织品与工业设备的必经之地。

在 20 世纪 70 年代，印度洋大约承载了英国四分之一的贸易量，承载日本的贸易量比例甚至更高。大部分石油出口同样需要两条非洲常用路线，要么通过苏伊士运河，要么绕过好望角。

印度洋的战略重要性也提升了非洲的地位。苏联横跨两个大陆，他需要印度洋作为自身联络的渠道。美国在印度洋有核潜艇可以将威胁覆盖到苏联的城市。英国虽然失去了苏伊士、亚丁、新加坡和直布罗陀等传统军事基地，但也通过相应替代方案，功能性地增加了西方在印度洋的存在感。这同样使得非洲在战略地位上更加巩固。

这与我们在前文讨论中提到非洲自身拥有矿产等资源完全不同。非洲大陆的地理位置无疑对世界上的许多贸易和交通产生了影响，同样也影响了 20 世纪工业方面的发展。

然而，尽管非洲在表面上处于中心位置，但在全球体系中，其影响力和掌握的权力却处于边缘地位。造成这种边缘化的原因是什么？边缘化能否被扭转？

我在本系列的前几次讲座中，已经谈到非洲在全球体系中的一些政治弱点。非洲的可居住性和政治稳定性危机造成了当下存在不确定性和不稳定性的状况。政治机构十分脆弱，在地方争斗的压力下时常轰然倒塌。这种状况并未给非洲在世界体系中增添筹码。

几个世纪以来，非洲受辱的遗产仍然伴随着我们，制约着外人对非洲人的态度，也同时制约着非洲政治变革的决心。其他人并没有认真审视过非洲的影响力，而非洲人自己在全球外交中也不曾拥有足够的自信。

文化同化的危机造成非洲领导层仍然从外在上依赖于西方，在探索新的意识形态和方法上模仿西方——这种对西方同化的崇拜也削弱了非洲的创新能力。

此外，非洲的四分五裂，使非洲大陆被形式多样的领土边界，五花八门的种族和语言划分，形形色色的意识形态竞争，传统政治以及三足鼎立的宗教所分割。从根本上来说，非洲的分裂也是其在国际事务中表现出的弱点之一。但是，这种分裂也有一个好处，那就是在联合国及其机构中，有50多个成员都来自非洲。投票权的多重性增加了非洲在联合国系统内的影响力。诚然，在一个由军事和经济力量主导的世界中，投票权只是一种微不足道的权力形式，但尽管如此，在联合国大会、教科文组织大会、联合国贸易和发展会议及其他世界组织等机构的任何决议中，非洲大使总是备受青睐。

正如前文所指出的，经济不发达困扰着非洲：非洲大陆拥有丰富的矿产资源和农业潜力，同时却也是世界上生活标准最低的地方。这种状况使得非洲对当代世界历史产生的影响有所降低。

归根结底，非洲在全球舞台上的边缘地位可以归因为三个主要弱点：技术落后、组织无能和军事羸弱。

上文谈到，非洲大陆上有大量的资源，它们原本可以使大陆不同地区在分配所得上更加平衡。但是，资源丰富的地区发展却很缓慢，原因之一便是技术不足。与许多亚洲国家相比，非洲国家自己制造的东西很少，而且只掌握最简单的技术。跨国公司是西方技术进入非洲的主要载体之一，但与亚洲的韩国、中国台湾甚至巴基斯坦，以及第三世界的墨西哥、智利、阿根廷，当然还有巴西等国家和地区的相对先进的技术相比，即使是跨国公司，其技术水平仍然相当低下。

接下来谈谈非洲的组织无能。这种低效绝不是非洲所独有的。它广泛存在于第三世界大部分地区，而且也可以在第一世界先进的资本主义国家和第二世界先进的社会主义国家中的一些地方找到。然而，非洲在组织方面的无能程度有时达到令人吃惊的地步。在政治不稳定、社会腐败和文化熔炉下产生的全方面道德矛盾危机，使得这种情况更加恶化。

腐败有时是同一社会中不同道德价值体系判断下的产物。当我在乌干达马凯雷雷大学担任社会科学系系主任时，我有时会收到个别亲戚的来信，特意求我让他的孩子在成绩不好的情况下仍然可以被马凯雷雷大学录取。为了让自己的理由更加充分，他们会提醒我，我们之间存在着亲戚关系。大学录取的问题就和其他问题一样，"一人得道，鸡犬升天"，这一点大家都心知肚明。

给我写信的亲戚并不一定是想要让我腐败。他是在一个相互支持且保持友谊的道德价值体系之中行事。但乌干达的大学机构完全是另一种文化，即西方文化的产物。大学的道德价值体系将成绩作为入学的根本标准。我作为一个非洲大学的系主任，被夹在了两个道德世界之间。我不得不向我的亲戚解释我的处境，并希望他们理解我不能以家庭亲疏关系作为大学录取的准则。

但我确信，在其他场合，我可能会对旧的道德价值观做出些许让步。当然，许多非洲人不得不面对这种道德上的矛盾心理，许多人向家族裙带关系屈服了。这展现了非洲在现代条件下相对无能和缺乏组织的一面。

在技术落后、组织无能之外，非洲还存在军事羸弱的问题。在某种程度上，这是帝国主义的目的。列宁认为，帝国主义是"资本主义的垄断阶段"。我们可以认为，帝国主义是"战争"的垄断阶段。像"英国强权下的和平"这样的概念中隐含着这样的假设：西方大国拥有武装到牙齿的特权，同时又着手解除当地人的武装力量。人们很容易认为，西方国家已经文明到足以发动世界大战，但必须阻止非洲人发生部族冲突。用乔莫·肯雅塔早在 20 世纪 30 年代的一句话来说：

欧洲人引以为豪的是，他们通过制止"部族战争"

从而为非洲人作出了巨大贡献，认为非洲人应该感谢这种强大的力量，让其从被恶邻威胁的"持续恐惧"中解放出来。但是，请考虑一下所谓野蛮的部落战争所采用的方法和动机，与"欧洲部落"发动现代战争所采用的方法和动机之间的区别。在这些战争中，没有参与纷争的非洲人被迫捍卫所谓的民主。①

需要注意的是，肯雅塔的申诉是在第二次世界大战"之前"②。这当然也是在军事领域的核时代之前。现在出现的问题是，旨在尽量减少拥有核能力的国家数量，特别是阻止第三世界国家进行核试验的《不扩散条约》③ 是否可以被视为"帝国主义是战争的垄断阶段"这一古老哲学的延伸。那些已经获得必要能力的人现在扮演着传教士的角色，告诉别人不要获得这种能力，而他们自己却保留着这种能力。

美国尤其对巴基斯坦、巴西和印度等国施压，试图阻止它们获得核能力。这是一个典型的例子，说明在核问题上"只许北方放火，不许南方点灯"。

在 20 世纪 50 年代末和 60 年代初，随着越来越多的亚洲和非洲国家独立，《不扩散条约》变得格外紧迫。米尔顿·奥博特当局决定签署《不扩散条约》时，我正在乌干

---

① Kenyatta, *Facing Mount Kenya* (First published, London: Seeker & Warburg, 1938; Heinemann Educational Books, 1979), p. 212.

② 肯雅塔所陈述的战争是指第一次世界大战期间东非战场上英国与德国之间发生战争的情况。——译注

③ 全称为《不扩散核武器条约》，马兹鲁伊原文为简称。——译注

达。虽然乌干达获得核能力的机会在当时和现在都很渺茫，但我认为奥博特博士犯了一个错误。他应记住所有那些非洲统治者在欧洲争夺非洲期间不得不签署的放弃条约，即非洲酋长和欧洲列强之间的条约，皆意在"安抚"非洲和维持欧洲的掌控权。

奥博特总统确实应该想起布干达国王和英国政府之间签署的 1900 年《乌干达协议》。英国至此开始迫使当地统治者逐渐走向非军事化道路。英国人征收枪支税，就像征收茅屋税①一样。枪支税适用于任何拥有或使用"发令枪、步枪、手枪或任何借助火药、炸药或压缩空气发射弹丸的武器"的人。

另一方面，"禁止任何乌干达人包括该国国王拥有任何大炮或机枪"。

关于免征枪支税，布干达的卡巴卡（国王）和英国政府之间的协议作出如下规定：

卡巴卡将获得 50 个免税枪支许可证，他可以通过这些许可证武装家族中 50 个人。太后也将以同样的方式，每年获得 10 个免税许可证，她可以借此武装她家族中 10 个人……当地酋长也将每年获得 10 张免税枪支许可证。卢基科②或该地区议事会的所有非酋长成员每

---

① 19 世纪末英国殖民当局在塞拉利昂征收的一个特别税种。茅屋税公布后即引发非洲当地人抗议，最终引发塞拉利昂茅屋税战争，迫使英国人调整统治策略。在乌干达，英国殖民当局 1900 年起开始征收茅屋税和同样数额的枪支税。——译注

② Likiiko，议事会，又译作"政务会议"。——译注

年获得 3 张免税枪支许可证；国内的所有土地所有者，如地产面积超过 500 英亩，每年获得 1 张免税枪支许可证。[①]

在当时，英国人对布干达的安抚工作已经做到了系统和量化的控制。

到 1962 年乌干达独立时，关于枪支以及哪个官员可以拥有多少免税枪支的旧规定，解释权归于拥有主权的乌干达新政府。然而，这里出现一个叫作《不扩散条约》的新手段，要求非洲的新领袖再次参与一种连大国自身都并不急于接受的军事放弃形式。

与本世纪初和上个世纪的领导者相比，新的非洲领袖更没有理由投降。因为非洲的新总统们不必像他们的祖先在维多利亚女王面前签字放弃自己的权利那样，在某种基于报复的威胁下签署该条约。《不扩散条约》是一种自愿意义上的自我否定行为。

从第三世界的角度来看，我认为该条约配不上其所写的内容。如果我成为一个第三世界国家的总统，我会毫不犹豫地退出该条约。核时代的帝国主义是核技术的垄断阶段。那些坚持为自己垄断核技术的人是"英国强权下的和平"的继承人，他们试图在遥远的土地上结束部落战争，但同时将自

---

① 1900 年《乌干达协议》文本，参见 Appendix II in D. Anthony Low and R. Cranford Pratt, *Buganda and British Overrule* (London and Nairobi: Oxford University Press, on behalf of the East African Institute of Social Research, 1960), pp. 350—366.

己武装起来以发动世界大战。

从非洲的角度来看，整个核扩散的问题，与非洲勇武传统、技术变革和世界政治中的全套不结盟理论之间的相互作用有关。

勇武传统在非洲历史中的衰落，部分原因是它与高超的军事技术格格不入。1941年，在第二次世界大战的背景下，一位杰出的非洲朋友提醒非洲人注意欧洲的强大力量和它在欧洲扩张中的作用。在一本写给非洲人的书中，玛格丽·佩勒姆谈道：

> 因此，双方都要承认，大英帝国和其他国家一样，主要是通过武力造就的。即使在没有发生大战的地方，附近的胜利消息或对更强大武器的恐惧往往足以说服地方民族势力接受陌生白人的统治……非洲地方势力落后、一盘散沙、软弱无能，特别是在欧洲改进和完善后的机枪面前，显得束手无策。[1]

这段非洲军事羸弱的历史一直困扰着非洲的领导人和思想家。正如塞古·杜尔总统曾经说过的那样："正是因为非洲低下的自卫手段，才使得它受到外国的统治。"[2]

西方军事技术的巨大成功同样使得其在文化领域有所建

---

[1]　Margery Perham, *Africans and British Rule* (London: Oxford University Press, 1941) pp. 53—54, 60.

[2]　Conakry Home Broadcasting Service, 7 June 1965. See BBC Monitoring Service Records of Broadcasts in Non-Arab Africa.

树。随着时间的推移，许多非洲社会中勇武传统的意义和仪式也受到了影响。勇武传统与两个相互关联的过程有关，即男子汉气概和成人地位的获得。男子汉气概涉及性别象征意义上的分工，包括匹夫之勇、身体的忍耐力，甚至有意的冷血无情等硬性的男性品德。

另一方面，成年人被赋予了一套不同的美德和价值观，其中最重要的是社会责任与成年人的自力更生。

但在西方的冲击下，非洲的勇武传统被随白人而来的枪炮恐惧和地狱之火恐惧所破坏殆尽。枪炮恐惧是白人新军事技术的全面展现。那些早期在非洲试图阻止欧洲占领的初始抵抗者不久就发现了大炮对长矛、枪支对弓箭的压倒性优势。欧洲的技术很快就压倒了抵抗者，并使他们士气低落。枪炮带来的新恐惧导致了勇武传统的没落。

由于基督教带来了地狱之火恐惧，这种衰落变得更加严重。对数百万非洲人来说，死亡现在被赋予了新的含义。新修会的传教士贬低非洲人的祖先，说他们无足轻重。

此外，基督教通过宣扬"转过另一边脸"的道德规范，破坏了勇武传统。温顺被认为是一种美德，即使是对那些原本阳刚和英勇的人来说也是如此。正如我们在之前的讲座中所指出的，一种在欧洲几乎没有真正实施过，而且在其本土已经相对变得不合时宜的基督教形式，现在却被遗赠给了非洲的学童和农民。仁爱的上帝展现在"帝国安抚"的面具之后。基督教的福音不仅阻止非洲人之间相互争斗，也阻止他们抵抗殖民主义。

勇武传统尚存之际，它可以让一些非洲人达到成年人的要求，新的依赖性使整个社会变成了孩童。勇武传统是个人成熟的过程；而新的依附关系是集体退回到童年。帝国主义列强决定将自己视为监护人和受托人；而殖民地则被判定为被监护人。蒙巴萨的限制级电影开始播放出这样的标识："非洲人与 16 岁以下儿童不得观影。"

所有这一切意味着勇武传统并不仅仅是作为个人成为男子汉和成年人的有效途径而被废除。帝国主义通过压制身体上的勇气和耐力等硬汉品质来削弱社会的力量，并迫使他们离成熟越来越远。

随着独立的到来，一种短暂的重新成熟的感觉与庆祝活动交织在一起。在国旗升起的那一天，一种重现集体成年的欣喜情绪弥漫在空气中。

但是，勇武传统和武装自己的权利呢？随着士兵们在一个又一个非洲国家篡夺权位，这一现象随之重返非洲。非洲国家大多落入了部分人的控制之下，这些人无论从哪个角度看，都是穿着现代制服的部落战士。

但北方工业国家与南部非洲及其他第三世界国家的关系，仍然保留着家长制的成分。是否应该允许军备在第三世界自由流动的问题，仍然是工业化国家内部争论的焦点。军火贸易是否应该受到控制？苏联和美国是否应该就限制对第三世界的武器供应达成协议？整个辩论有一种"英国强权下的和平"的家长式作风。

有一段时间，非洲自身对重整军备态度很矛盾。这多少归结于早期人们对整个不结盟理论概念的认识。随着一个又一个非洲国家的独立，每个独立国家的预设职责是协助缓解大国之间的紧张关系。1958 年 4 月在加纳阿克拉举行的第一次非洲独立国家会议，呼吁大国停止生产核武器和热核武器，并且暂停所有此类试验，这"不仅是为了世界和平，而且是他们公开表示致力于人权的象征"。会议重申了削减常规军备"对国际和平与安全至关重要"的观点。会议继续谴责"把出售武器作为对政府施压和干涉别国内政的政策手段"①。

早期的不结盟仍然被裁军的理想所蛊惑。这同样或多或少是由于印度对非暴力和不结盟之间的关系莫衷一是。印度对非洲政治思想的两个最重要的贡献是非暴力和不结盟的学说。甘地为某个非洲思想流派提供了消极抵抗的思想；尼赫鲁为几乎所有非洲国家提供了不结盟思路。正如乌干达的米尔顿·奥博特在尼赫鲁去世时向他表示的那样："尼赫鲁将作为不结盟的创始人而被世间所铭记……在这方面，世界上的新独立国家都对他怀有敬意。"②

但是，不结盟和非暴力这两种学说又有着怎样的关系？对印度来说，甘地的非暴力运动是一种寻求自由的方法，而尼赫鲁的不结盟运动则是一种寻求和平的方法。然而，不结盟在一定程度上是将某些预设的道德转化为外交政策，这种道德预设是以印度国内独立斗争中的消极抵抗作为基础。甘地曾言："自由的印度绝无敌人……印度加入军备竞赛无异

---

① Consult the declaration of the First Conference of Independent African States（15—22 April 1958），Appendix：C. Legum, *Pan-Africanism*（London：Pall Mall Press, 1962 edition），Appendix 4, pp. 147—148.

② *Uganda Argus*，Kampala，29 May 1964.

于自杀……世界从印度探寻新颖与独特的东西……如印度不再奉行非暴力，世界的希望也会随之破灭。"[1]

尽管前有甘地的愿景，但独立的印度并非独善其身。甘地的非暴力思想并没有完全转化为外交政策。特别是在巴基斯坦问题上，强烈的怀疑不允许印度采取这种政策。

然而，在世界所有国家中，尼赫鲁领导下的印度在象征意义上最接近对和平的追求。在非洲和亚洲历史上的关键十年里，印度是两个大陆的外交领袖。不结盟理论为许多新国家在其成为主权国家的最初几年中，试验性地留下了一项临时外交政策。

随着这项政策的实施，全球和平化的圆轮已完成闭环。亚洲和非洲曾经被殖民化的部分原因，是欧洲为了将和平强加给它们。但现在，不结盟已经扭转了"英国强权下的和平"这种旧观念。现在是那些曾经被殖民的国家在向他们从前的帝国导师宣扬和平。

然而，印度的不结盟却注定要走向核武器。印度是事实上第一个引爆核武器的不结盟国家。这件事发生在 1974 年。

印度也是联合国安全理事会中第一个拥有核武器的非常任理事国。前五个核大国则是在安理会拥有否决权的战争大国：美国、苏联、英国、法国和中国。印度最终打破了这个简单的等式，并将核扩散问题置于一个新的基础上。

但是，核武器和不结盟是一对矛盾体吗？非洲和其他第三世界国家是否应该继续保持他们对军国主义不信任的悠久

---

① *Harijan*, 14 October 1939.

传统？如果不结盟的雄心壮志之一仍然是努力缓和世界上的紧张局势，那么第三世界的两个遗产就必须核武化。一个是印度的尼赫鲁遗产，另一个是非洲的勇武传统遗产。不结盟的核化将不仅仅意味着将核能用于和平目的，而且要利用这种力量来减少东西方世界骚动的危险。

另一方面，勇武传统的核化将意味着在第三世界重新证明自己是成年人，拒绝帝国对战争的垄断。不结盟将寻求缓解紧张局势；勇武传统将探寻减少依赖性。

我们知道，印度已经进入了核领域。目前，印度已向世界保证，它将把其核能力用于和平目的，但同时它也警告说，这种不受约束的承诺将部分取决于巴基斯坦在未来几年的核政策。但是，非洲距离具备类似的核作用还有多远，核武器从印度扩散到非洲后，会通过哪种方式为全球和平作出贡献？

第一，在军事上，非洲在武器方面仍然是一个具有依赖性的大陆。除了南部以白人为主的国家，以及在一定程度上除了埃及之外，除非小规模武器，拥有制造武器的技术对非洲国家来说暂时是一个遥远的愿望。

第二，除了在武器方面的依赖外，非洲对购买武器的资本同样具有依赖性。非洲的解放运动往往不得不在非洲以外的地区筹集资金，以便从苏联阵营购买武器。非洲国家确实为南部非洲解放事业作出了贡献，但与斗争的需要相比，这些贡献仍然微不足道。

第三，非洲在军事训练和指导方面存在依赖性。在非洲武装部队所需要的培训中，有很大一部分是依靠外国顾问和组织者。尽管非洲国家在从国外引进教官为非洲的其他各级军官提供训练，许多非洲军官仍被派往国外接受这种培训。

第四，非洲对外部大国的军事人员具有依赖性。自1978年8月以来，古巴在非洲的部队人数估计在3.5万人到3.7万人之间。尽管最近有关西撒哈拉问题和乍得内乱的行动导致法国军事力量有所削减，法国一直保留着约1万名分工不同的士兵。苏联在非洲大陆有近7000名不同类型的军事人员。

就在实际战斗中使用外国军队而言，在不同的冲突情况下，使用最多的是古巴军队和法国军队。

尽管非洲大陆处于战略要地，但这种边缘化一直存在。非洲如何摆脱这种普遍意义上的政治及军事边缘化？

从技术上来说，非洲增加了对技术知识的学习，也从自己的本土技术中有所收获，并使自身训练和研究机构有所加强，但这个过程势必缓慢。

与组织无能作斗争从根本上说属于社会学的范畴，可能需要一种长期的社会改革和文化调整。在反对效率低下、腐败以及对规划和政策执行缺乏足够关注的斗争中，训练和社会研究机构同样可以作出哪怕微不足道的贡献。

但在外交领域，当三个非洲国家成功地解决了它们各自的内部问题，并取得了它们应得的大陆领导权时，非洲无外交的情况就会大大缓解。在本世纪末之前，非洲外交力量的三巨头将包括尼日利亚、扎伊尔和黑人统治的南非。

当然，尼日利亚是大国，部分取决于其人口，现如今则是凭借其石油能源。尼日利亚拥有约8000万人口，是迄今为止非洲大陆上最大的国家，并可能在不久之后成为整个欧非大陆上最大的国家，在人口数量上超过联邦德国。

扎伊尔也是一个大国，面积比尼日利亚大，但在撒哈拉以南国家的人口排名中位居第二或第三。在矿产方面，它的资源特别丰富。除社会主义阵营外，扎伊尔拥有世界 30% 以上的钴储量，70% 以上的工业钻石，以及 6% 的铜，还有一些潜在的石油和天然气。如果该国能在本世纪末前把自己长期的不稳定和超低效率的问题处理好，它可以在非洲大陆的政治中发挥相当大的影响力。目前，它的潜在影响力主要体现在文化上，因为从卢萨卡到拉各斯，扎伊尔的音乐让非洲人闻声起舞。

在本世纪末之前，非洲的第三个巨人将是黑人统治的南非。这个国家的工业基础实力雄厚，其矿产资源也非常惊人。除社会主义阵营外，该国拥有世界 74% 的铬储量，49% 的黄金，37% 的锰，10% 以上的铀和 73% 的铂。对储量的估量略有差异，但我更愿意使用商业界的估算。[①] 从现在起到本世纪末，当这笔巨大的财富和相对发达的经济交到该国大多数人的手中时，南非理所应当会在非洲的外交领导三巨头中占据一席之地，与扎伊尔和尼日利亚并列。

到那时，南非很可能会成为一个核大国。这个地位是白人寡头心存戒备而推动的结果，目前这一过程还在持续。但是，正如我们之前所指出的，核武器不太可能对种族隔离制

①　See *Fortune* magazine's special map of Africa's resources，14 August 1978.

度的命运起决定性作用，因为种族制度的主要威胁将来自内部革命，而内部革命是不容易受到核武器威胁的。如前文所述，南非不可能在索韦托的街道上，或者在班图斯坦使用核武器，否则反而会导致核武器想要拯救的白人加速逃离。南非在解放和实行真正的多数人统治后，除非那时全球已经无核化，这种核地位显然会成为一种财富。

未来几十年的世界和平可能确实取决于两个进程的结果：第三世界的核扩散和北半球的妇女解放。这两种看似无法并列的力量组合很可能决定人类的命运乃至存亡。当然，妇女解放不是西方世界或北方大国所独有的。第三世界也有女权运动，伊朗国王倒台后的一些街头示威活动就表明了这一点。但对和平运动来说，北半球妇女争取更多参与决策的斗争尤为重要。毕竟，最具破坏性的战争机器在北半球。适当控制该机器的阳刚之气可以帮助它改变其运行轨迹和发展方向。

另一方面，绝大多数北半球的人（男性和女性、激进派、自由派和保守派）反对第三世界的核扩散。第三世界国家的不稳定性使得大众对其军事能力核化的前景产生警惕。北半球的人对第三世界核扩散的这种恐惧可能是和平运动的一项财富。第三世界一定程度的核扩散是让北半球同意在军事领域上一并彻底无核化的必要的第一步。

但是，为了更全面地理解第三世界的核扩散与北半球妇女解放之间这种"事实上"的一致，让我们来审视当代文化中的七种斗争传统。

当代文化中的战争神秘性有多种形式，并非都与大规模冲突有关。

七种斗争传统密切相关。在伊斯兰世界，可能会出现圣战传统的复活，承诺在必要时用剑来捍卫伊斯兰教。

另一方面，被动抵抗在某种程度上可以说是基督教-甘地的传统。这结合了对社会转型的决心和对暴力的放弃。被动抵抗往往包括受难综合征，追求殉道作为抗议的策略。在某些方面，基督教-甘地的传统在文化上带有女性化色彩。

奇怪的是，在反对国王的策略上，伊朗革命受到了基督教-甘地的启发，而非缘于圣战。成千上万手无寸铁的人涌入德黑兰的街道，这是 20 世纪下半叶最令人印象深刻的人民革命。这也是自圣雄甘地激励印度群众反抗英国统治以来最令人印象深刻的消极抵抗案例。

从这方面来说，阿亚图拉·霍梅尼①与甘地的历史作用惊人的相似。两位领导人都调动了文化和宗教符号来打动同胞的心，反对他们所认为的不公正制度。

伊朗革命自夺取政权以来，已经由基督教-甘地策略转向偏圣战的路线。追求严苛的正义是伊斯兰教起源的一部分。而伊朗革命现在选择了对神圣祖先怀念性的回归。

在圣战和消极抵抗之后，现代世界的第三个斗争传统是一个更为广泛意义上的勇武传统。它在不同的文化中以各种形式存在，从日本的武士道到美国残存的猎鹿人形象。勇武传统建立在个人阳刚之气的硬性美德上：坚韧、勇敢、忍

---

① 阿亚图拉·霍梅尼（Ruhollah M. Khomeini，1902—1989），伊朗什叶派宗教学者，政治家，1979 年伊朗伊斯兰革命的政治和精神领袖。此次革命推翻了伊朗国王穆罕默德·巴列维。——译注

耐，甚至是有意的冷血无情。

勇武传统在非洲也以各种形式存在，或是伪装在现代军队的制服之后。

在非洲和其他一些地区，特别是在第三世界所进行的第四种斗争传统归于游击队。它在争取民族解放和社会革命的斗争中显得尤为重要。这种斗争形式更多时候是"雌雄同体"，男男女女共同参与到斗争中来。南部非洲的战争就属于这种类型。

与之相关的传统当属于恐怖主义。这包括劫持飞机、扣留人质、炸毁酒吧等等。但与游击队运动不同的是，恐怖主义不需要包括字面上的有组织的军队，尽管它经常需要"指挥者"和"代理人"。

"恐怖主义"一词的使用通常是由权力结构的价值观所决定的，他们重视现实利益所体现的"法律与秩序"，而并非根本上的社会改革。因此，这个词往往具有负面的含义。不过，我在此处使用该词会尽量保持中立。恐怖主义体现在战争层面而非价值观偏见层面。正如可以有一场正义的战争和一场非正义的战争一样，同样也有正义和非正义的恐怖主义运动。

与游击队运动一样，如今革命性的恐怖主义也试图做到"雌雄同体"，既招募男性也招募女性。

总的来说，其他战争形式的破坏是为了使敌人丧失反抗能力。恐怖主义的破坏是为了震慑民众。使敌人的战争机器丧失反抗能力往往比削弱民众的自信心更加艰难。

恐怖主义往往是弱者的底牌，是最后不得已的策略。阿克顿勋爵①的说法也许是对的："权力导致腐败，绝对的权力导致绝对的腐败。"但从他的时代开始，我们事实上在20世纪认识到，无权也使人腐败，绝对的无权导致绝对的无望。恐怖主义往往产生于挫折的痛苦之中。这就是耶路撒冷市场和阿拉斯特酒馆中的炸弹所反映的全部内容。②

应该了解的是，一个国家的权力结构也可以是恐怖主义的。正如欧洲人权委员会甚至不得不指出的那样，英国军队在北爱尔兰的行动也存有道德沦丧的劣迹。

但在反恐方面，以色列坚持杀死无数阿拉伯人（无论多么无辜），以此为每一个在恐怖行动中倒下的犹太人复仇。

马克思主义者长期以来一直为"国家资本主义"概念的争执不休而苦恼。现在即使自由主义的维护者也承认，在自由主义社会的逻辑中，"国家恐怖主义"是一种反常现象。以色列是一个典型的案例。恐怖分子并不总是狡猾且隐蔽、计划在市场上安放炸弹的人。恐怖分子可能是冷酷无情的国家官员，他计划对他人采取类似的行动，并在政府的支持下下令实施这些行动。

但"国家恐怖主义"某些时候可以是第六种斗争传统的一个方面。这就是我们时常谈论的常规战争。这是两支有组织的军队之间的对抗，代表不同的社会，或不同的国家，或同一社会或国家的不同地区。这种战斗传统在事实上也倾向

---

① 约翰·达尔伯格-阿克顿（John E. Dalberg-Acton，1834—1902），英国剑桥大学历史系教授，历史学家，理论政治家。他的这句名言出自他的《自由与权力》一书。——译注
② 耶路撒冷反映的是巴勒斯坦反抗以色列的恐怖袭击，阿拉斯特反映的是爱尔兰反抗英国的恐怖袭击。——译注

于男性主导，尽管这与任何有意识的文化逻辑并无太多关联。

如果说游击队以斯坦冲锋枪作为象征，恐怖分子以定时炸弹为标志，那么常规战争则更多以现代坦克作为一种符号。

至于第七种也是最具破坏性的斗争传统，就是种族灭绝。它已具备全球化的特点。这就是核战争的意义所在。捍卫纽约需要最终蒸发至少4000万苏联人，保卫莫斯科则需要摧毁一半的美国。

北半球已经创造了一种新的种族灭绝形式。因为其主要目标是北半球自己（欧洲人、美国人和苏联人），这种属于自讨苦吃。

然而，新型种族灭绝也是对原始谋杀的致敬，冷静而有预谋。只不过这是屠杀而不是凶杀。这关系到人类的毁灭，而不是"仅仅"对一个人的毁灭。

反对新屠杀的斗争不"仅仅"是为了拯救人类的生命，其根本是要拯救这个星球上的生灵。

第三世界只有通过短暂的核赌注，才能迫使北半球从这种全球种族灭绝的边缘退缩。第三世界必须暂时地支持核扩散，以作为威慑所有国家（包括超级大国）完全放弃核游戏的策略。大国反对核扩散不仅仅是军事垄断和帝国主义的一个范例。它还让拥有大规模核武器的大国低估了这场核竞争的危险性。只有当不稳定的第三世界统治者获得这些危险的玩具时，超级大国才会转而实施全面军事无核化。核扩散虽然危险至极，但它是不可避免的文化冲击，需要进行一次真正彻底的重新评估。因此，现代种族灭绝需要第三世界进行一次核赌注，以创造一种有希望控制危机的条件。只有这样才能将这种最危险的斗争传统（种族灭绝传统）从杀人的边缘逼退。

上述七个传统总体上是以男性为主导的世界的产物。圣战和勇武传统几乎就是大男子主义的，但其他传统根本上也是由男性领导或主导。

被动抵抗有时是由通常与柔和相关的品质，如女性主义、耐心、温柔甚至爱所激发的。但是，当我们索性把这种传统称为"基督教-甘地"时，我们就揭示了创始者所拥有的性别。

革命抵抗运动（尤其是现代游击队和恐怖运动）渴望成为"雌雄同体"，但它尚未完全成功。

暴君有时会被他们的情妇毒死，但这种设定往往又是性别歧视。女性成为男性竞争对手之间争夺权力的工具。在男性领导下，常规战争是：阴谋下间谍对抗，阳谋中坦克相轰。

至于20世纪种族灭绝的愚蠢行径（潜在核战争的"种族灭绝"），始作俑者绝大多数是自讨苦吃的男性。

那么出路在何方？

21世纪和平的两个最大希望可能寄托在核扩散和妇女解放运动这种奇怪的联盟上。

正如前文所述，核扩散作为第一个趋势是必要的，以便将超级大国震慑到无核化的紧急状态中。只要苏联和美国觉得它们会保持对核威胁的控制，那么它们就会继续在第一轮和第二轮的限制战略武器谈判中陷入自满。① 因为《限制战略武器条约》的目的不是阻止军备竞赛的升级，而只是寻求一种缓解。

事实上，我们需要立刻放慢速度，让我们的毁灭能力迅速降低，而不仅仅是遏制进一步的增长。

这样来说，非洲国家应该从不再让非洲成为无核区的角度思考问题。这一立场在特定时期是合理的。克瓦米·恩克鲁玛总统于 20 世纪 60 年代初在阿克拉组织了一次主题为"严禁核弹"的国际会议，并考虑在撒哈拉地区进行国际性游行，以抗议法国在阿尔及利亚独立前进行的核试验。恩克鲁玛认为当时的非洲大陆受到了两把达摩克利斯之剑的威胁：南部非洲的种族主义和种族隔离制度，以及法国在北部非洲的撒哈拉沙漠试验场所象征的核威胁。恩克鲁玛冻结了法国在加纳的资产，作为反对在非洲土地进行核弹亵渎的一种策略。

尼日利亚因法国撒哈拉试验而与之断绝外交关系。所有这些在 20 世纪 60 年代初发生都是合理的。但对于 20 世纪 80 年代和 90 年代来说，除非在此之前整个世界已开始按部就班地停止研发核武器，尼日利亚应该朝着成为核大国的方向发展。

不过从另一方面实话实说，发展核能对尼日利亚来说可能是不太正常的。因为核能是尼日利亚本国重要矿产资

---

① 第一轮限制战略武器谈判从 1969 年开始，到 1972 年结束；第二轮限制战略武器谈判从 1977 年开始，到 1979 年结束。第二次谈判的结果并未得到苏联和美国双方政府的批准。——译注

源——石油——的竞争对手。但是，如果要结束非洲的外交边缘化状况，非洲最大的国家发展核能力或许是一个必要的前提条件。尼日利亚应该效仿其他大国，即拉丁美洲的巴西和亚洲的中国和印度，追求适度的核能力。私以为建立核能力的原因与使尼日利亚在军事上更加强大并无联系。其最终目标是使整个世界在军事上更加安全。只有当西方和苏联阵营发现，除非他们自己放弃核武器，否则无法让世界其他国家放弃核梦想时，才会最终解决世界自身生存和人类兴亡这一根本问题。

非洲三巨头的第三个成员国扎伊尔，或许远没有南非或尼日利亚在核能力上的组织和技术能力。但即使是扎伊尔也不能长时间被排除在核竞争之外。尽管其未来的核计划很可能需要从其他非洲国家进口铀，但扎伊尔依旧是最早发现铀的非洲国家之一。

综上所述，非洲应该放弃宣扬自己是无核区的想法，除非是为了遏制外部势力和外部军事基地进入非洲。那些签署了《核不扩散条约》的非洲国家应该重新考虑自己的立场，并对在非洲内部构建一个大陆性核能企业的机会做出评估。该想法与在尼日利亚的军事机构中，以及今后在扎伊尔和黑人统治的南非发展一个小型核部门的战略相关联。

但是，对人类的威胁不仅仅是在核武器方面。这种威胁也存在于现阶段技术进步的战争本身。我们如何从根本上改变我们的价值观和观念，以大幅减少战争的危险？

对于马克思主义者来说，答案在于一个阶级关系发生转变的世界。但是，答案是不是同样可能存在于一个性别角色发生转变的世界当中？在那些彼此大相径庭的文化中，战争从比例上而言可以算作男性问题，这并不完全是偶然。"我们的战士是男子汉"——这是历史上大多数斗争文化的共同主题，无论是在非洲还是其他地方。

随之而来的问题是，未来性别角色的混合，一种新的"雌雄同体"化学反应，是否会导致整个人类文化从根本上非军事化。妇女更多地参与战斗和制定作战计划会不会有助于减少战争所带来的危险？到目前为止，战争都是以男性为主导的，而且世界上的军营和监狱都显示出那些实施暴力的人绝大多数为男性。如在军事机构中男性和女性呈现出新的组合，是否会减少这些机构中的好斗因素？

正是这种考虑使我相信，北半球妇女解放的进程，与未来的世界和平与第三世界的核扩散发展趋势一样重要。

核扩散是一个军事民主化的过程。它试图打破北半球军阀对武器的垄断。核扩散还试图打破西方和苏联阵营控制下以被禁的核知识为基础的秘密结社。但归根结底，这种军事民主化从道义上而言，意味着世界上越来越多的国家参与其中，这是否反过来最终导致人类在大规模战争中所剩无几？

在非洲，妇女解放运动尚未形成规模。但在那些迄今为止发生过大规模战争的北方工业国家的土地上，妇女解放对人类的生存或许显得格外关键。正因为如此，我继续申明，世界和平最终取决于第三世界的军事野心和工业化国家解放妇女的新政治愿望。这是一个奇怪的联盟，一个历史进程中无意组建在一起的联盟。

这种联盟体现在全球层面上。但在第三世界内部，还有另一个层面的联合行动和目的与之相关联。从长远来看，不结盟运动的思想和勇武传统的结合可能会促使世界归于平衡。甘地的做法与耶稣非常相像，强调爱和容忍等柔和的女性美德，调动谦逊和同情心来实现社会变革。勇武传统继续强调阳刚之气，体现勇气和耐力，阐释在逆境中坚韧的浪漫。这三种传统的融合——不结盟运动、甘地的思想和勇武精神——有助于创造使地球更适宜居住的条件。

对于尼日利亚、扎伊尔和黑人统治的南非来说，核化将是一个新的开始，一个重要的成年仪式，一次恢复成年人地位的标志。大国将不再被允许说这样那样的武器"非洲人与16岁以下儿童不得使用"。

至于军事强国和军事弱国之间的差距，最终将会相差无几。首先是通过使军事弱国更加强大，然后是说服军事强国削弱自己。实现军事平等的道路首先是通过第三世界国家的核扩散，然后是全球范围内每个国家的无核化。非洲国家在军事上的崛起速度不会快到甚至追上中等规模的北半球国家，但非洲国家的崛起速度足以为整个世界的实质性裁军创造条件。

非洲仍然处于核扩散竞争的边缘。在核领域，在从外围走向行动的主流这一进程中，非洲将不得不摆脱其技术上的不足，并且不再抑制核能力。

在一些西方社会，当白人小孩行为不端时，母亲或许会说："你要乖一些——否则一个大个子黑人会来把你抓走。"今天，我们所面对的并非即将受到黑人大汉威胁的白人小孩，而是受到黑人大汉挥舞着核武器威胁的白人大人。

有时，一个危险的黑人对一个白人小女孩发出威胁确实产生了预期的效果：孩子会乖乖听话。现在的问题是，向华盛顿、莫斯科、伦敦和巴黎的白人成年人发出同样的威胁——黑人掌握核武器的不祥之兆——是否会让北半球危险且淘气的白人战争策划者产生足够的惊恐，使其最终在核问题上回归理智。

这场斗争本身可能有两个重要的历史领域。对非洲来说，地理上的中心地位与政治和军事上的边缘地位，二者之间的差距将被缩小。非洲在三位外交巨头的领导下被给予部分核开发资格，将开始进入全球事务的主流。而一旦发现人们在疯狂地利用核能，整个世界将会从一句老话中温故而知新：野生的蘑菇会有毒。

图书在版编目（CIP）数据

非洲的境况/（肯尼亚）阿里·马兹鲁伊著；高天宜译.
--上海：华东师范大学出版社，2024
ISBN 978-7-5760-4514-7

Ⅰ．K94

中国国家版本馆 CIP 数据核字第 20241WA627 号

华东师范大学出版社六点分社
企划人 倪为国

上海市版权局著作权合同登记 图字：09-2023-1073 号

六点非洲系列

非洲的境况：一则政治诊断

著　　者　（肯尼亚）阿里·马兹鲁伊
译　　者　高天宜
责任编辑　高建红
特约审读　杨钰霆　卢荻
责任校对　古冈
封面设计　卢晓红

出版发行　华东师范大学出版社
社　　址　上海市中山北路 3663 号　邮编　200062
网　　址　www.ecnupress.com.cn
电　　话　021-60821666　行政传真　021-62572105
客服电话　021-62865537
门市（邮购）电话　021-62869887
地　　址　上海市中山北路 3663 号华东师范大学校内先锋路口
网　　店　http://hdsdcbs.tmall.com

印　刷　者　上海景条印刷有限公司
开　　本　890×1240　1/32
印　　张　6.125
字　　数　110 千字
版　　次　2024 年 10 月第 1 版
印　　次　2024 年 10 月第 1 次
书　　号　ISBN 978-7-5760-4514-7
定　　价　59.80 元

出 版 人　王　焰

（如发现本版图书有印订质量问题,请寄回本社客服中心调换或电话 021-62865537 联系）